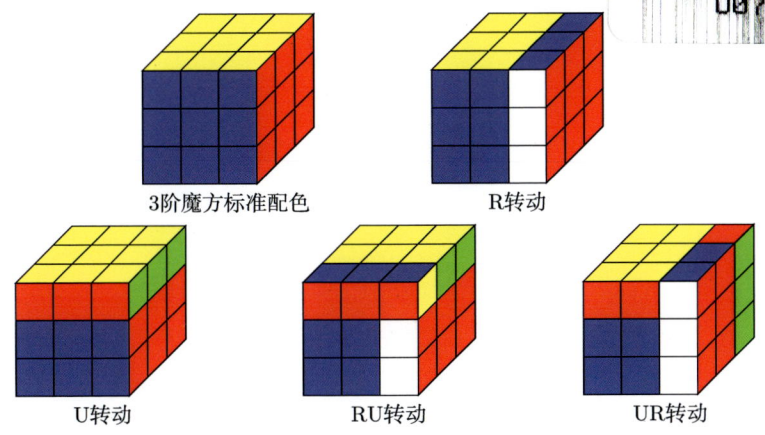

图 1.1 3 阶魔方图示

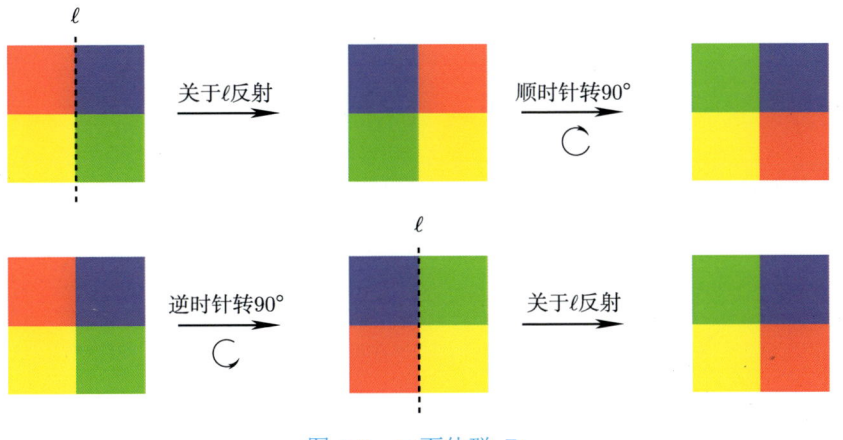

图 1.3 二面体群 D_4

抽象代数初步

孙超超　田运波　李　娟　编

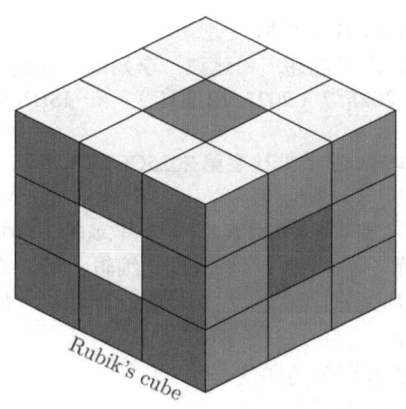

机械工业出版社

本书作为抽象代数领域的基础教材,涵盖了群论、环论、域及伽罗瓦理论的核心内容.本书内容翔实,通过大量实例深入浅出地阐释了群、环、域等抽象概念,既包括了富有启发性的趣味案例,如魔方的运用,也简要介绍了学科的前沿话题,例如椭圆曲线群的相关知识.对于重要概念的历史背景,本书以脚注的形式加以阐述,以便读者把握抽象代数的发展脉络.本书的论述由表及里,逐步深入,适合初学者系统掌握抽象代数的基本原理与技巧.

本书可作为高等院校数学相关专业的教材或教学参考资料,同时可作为对代数领域感兴趣的读者的自学材料.本书附带了课件、课程大纲等电子教学资源,以便教师进行教学活动.各小节后均设有习题,旨在帮助学生巩固对所学知识的理解.

图书在版编目(CIP)数据

抽象代数初步 / 孙超超,田运波,李娟编. --北京:机械工业出版社,2025.7(2025.12重印). -- ISBN 978-7-111-78456-2

Ⅰ. O153

中国国家版本馆CIP数据核字第2025CF0623号

机械工业出版社(北京市百万庄大街22号　邮政编码 100037)
策划编辑:汤　嘉　　　　　　　　责任编辑:汤　嘉　张金奎
责任校对:蔡健伟　张　薇　　　　封面设计:王　旭
责任印制:单爱军
中煤(北京)印务有限公司印刷
2025年12月第1版第2次印刷
169mm×239mm・8.25印张・1插页・149千字
标准书号:ISBN 978-7-111-78456-2
定价:39.00元

电话服务　　　　　　　　　　网络服务
客服电话:010-88361066　　　机　工　官　网:www.cmpbook.com
　　　　　010-88379833　　　机　工　官　博:weibo.com/cmp1952
　　　　　010-68326294　　　金　书　网:www.golden-book.com
封底无防伪标均为盗版　　　　机工教育服务网:www.cmpedu.com

前　言
FOREWORD

　　本书作者旨在编撰一部抽象代数的讲义. 国内外已有不少同类著作, 名家编著也不少, 诸如李文威著的《代数学方法》, 塞尔日·兰 (Serge Lang) 的《代数》, 内容涉及广泛, 对于优秀的学生来说, 是很好的选择, 但对于一般院校的学生而言, 难度颇高. 为了使一般的学生学起来容易上手并且对教师而言易于讲授, 我们甄选了相关素材来编写本书. 本书的编写按历史的脉络, 循序渐进地展开, 难免也会掺入一些主观见解, 虽无新增知识内容, 但对于学习者阅读来说有趣, 受启发, 也就有些许意义.

　　本书的编写力求生动有趣、开放包容、还原历史、跟进前沿. 群的概念对于初学者而言, 颇为抽象, 但其实有比较好的引入示例——魔方. 魔方不仅是一款益智玩具, 同时还蕴含很多群的知识. 另外, 一些比较重要和有趣的群我们也会简单提及. 例如, "魔群", 是阶数最大的散在单群, 它和模形式中的 j-不变量有深刻的联系; "模群", 是和模形式相关的群; 椭圆曲线是兼有理论和实际应用的群, 理论方面比如像 BSD(Birch and Swinnerton) 猜想, 是仍在进展的前沿问题, 应用方面则有椭圆曲线的离散对数加密算法. 另外, 椭圆曲线也和模形式有神奇的联系, 就是所谓的 Shimura-Taniyama-Weil 猜想, 也已经完全证实. 群是描述对称的工具, 故而我们单列一节简单介绍对称这个主题. 对称在生活、建筑、绘画乃至音乐领域均有体现, 例如莫扎特有一首很有趣的回文曲, 即从正反两个方向演奏都是一首很优美的曲子. 对于重要概念的产生, 我们在脚注中加以简单介绍, 以窥历史原貌. 群产生于方程的求根问题. 对于五次以上一般代数方程没有根式解, 著名数学家阿诺德 (Arnold) 曾给出一个高中生即可理解的简单证明, 我们也在脚注里提及出处, 供感兴趣的读者探究.

　　抽象本身是一种哲学方法. 对一些具有共性的具体实例的本质要点加以提炼概括, 所得理论具有更加广泛的适用性. 自然, 读者理解起来有时不免云里雾里, 所以还是要透过具体实例来理解, 方能体会其中含义. 例子本也无须多而奇, 能展示理论本身的要点最好. 抽象代数也并未如其名那般抽象, 本书讲授的是群、环、域的基本概念. 经典的概念具有强大的生命力, 它们从历史中沉淀而来, 恰如文学名著. 当下科技突飞猛进, 文献资料浩如烟海, 然而终归沙多金少, 留下的方才熠熠生辉.

数学在某种程度上类似艺术, 不同人的品位自然不同. 数学的专业学习既需要严格的训练, 也需要广泛的交流, 譬如读沙法列维奇 (I. R. Shafarevich) 的《代数基本概念》便会有种交流的感觉. 多阅读名家的作品总归是好的, 开卷有益.

本书借鉴了李文威、罗特曼 (J. Rotman)、阿廷 (M. Artin)、兰 (S. Lang) 等人的著作, 在此致谢. 另外, 本书的出版得到了临沂大学数学与统计学院以及机械工业出版社的支持, 在此一并表示感谢. 有些小节加了星号, 可根据课时的多少适当选择讲授. 限于编者才学, 不当之处望读者朋友指正.

孙超超　田运波　李　娟
2024 年夏
于临沂大学

目　　录

前言
第 1 章　群论 ··· 1
 1.1　集合 ··· 1
  习题 1.1 ··· 6
 1.2　群 ·· 7
  习题 1.2 ·· 11
 1.3　置换群 ··· 12
  习题 1.3 ·· 16
 1.4　子群 ·· 17
  习题 1.4 ·· 23
 1.5　同态 ·· 23
  习题 1.5 ·· 26
 1.6　商群 ·· 27
  习题 1.6 ·· 31
 1.7　群作用 ··· 31
  习题 1.7 ·· 34
 1.8　群直积与半直积 ··· 35
  习题 1.8 ·· 38
 1.9　有限生成的交换群 ··· 38
  习题 1.9 ·· 43
 1.10　对称 * ··· 43
  习题 1.10 ·· 48

第 2 章　环论 ··· 49
 2.1　环的概念 ··· 49
  习题 2.1 ·· 53
 2.2　环同态与理想 ·· 54

习题 2.2 · · · · · · 57
2.3 商环与积环 · · · · · · 57
   习题 2.3 · · · · · · 62
2.4 交换环 · · · · · · 62
   习题 2.4 · · · · · · 67
2.5 唯一分解性 · · · · · · 68
   习题 2.5 · · · · · · 75
2.6 分式域与局部化 · · · · · · 76
   习题 2.6 · · · · · · 79
2.7 代数整数环 * · · · · · · 79
   习题 2.7 · · · · · · 83

第 3 章　域及伽罗瓦理论 · · · · · · 84
3.1 域的扩张 · · · · · · 84
   习题 3.1 · · · · · · 90
3.2 分裂域 · · · · · · 90
   习题 3.2 · · · · · · 94
3.3 伽罗瓦群 · · · · · · 95
   习题 3.3 · · · · · · 98
3.4 伽罗瓦对应 · · · · · · 99
   习题 3.4 · · · · · · 103
3.5 方程的根式解 · · · · · · 103
   习题 3.5 · · · · · · 107
3.6 域扩张中的迹与范 * · · · · · · 108
   习题 3.6 · · · · · · 111

附录 · · · · · · 112
附录 A　整数与复数 · · · · · · 112
   A.1　整数 · · · · · · 112
   A.2　复数 · · · · · · 114
附录 B　Wedderburn 小定理 · · · · · · 118

参考文献 · · · · · · 121
符号索引 · · · · · · 123
名词索引 · · · · · · 124

第 1 章

群 论

群论源自对代数方程求根公式的探究,但其生命力远超于此. 实际上,群论已经成为描述对称的基本工具. 16 世纪中叶,当三次、四次代数方程的根式解找到以后,彼时数学家投身于发现五次方程的求根公式而未果. 拉格朗日 (J. L. Lagrange, 1736—1813) 于 1770 年写就二百多页的《关于代数方程的解法的思考》,预感五次方程的求根公式不存在. 阿贝尔 (N. H. Abel, 1802—1829) 从高斯 (J. C. F. Gauss, 1777—1855) 关于二项方程的讨论中受启发,证明五次及以上方程不存在一般的求根公式. 在此之前,鲁菲尼 (P. Ruffini, 1756—1822) 于 1799 年就已经证明了同样的结论,但并不完善,证明中使用了还未证实的阿贝尔定理. 伽罗瓦 (E. Galois, 1811—1832) 受拉格朗日等人著作的启发,更深入地研究方程的求根公式问题. 1831 年,他确定了任意次多项式 $f(x)$ 使得其根式解存在的等价条件. 首先,他考察了 $f(x)$ 的根的特定置换,发现它们组成一个代数系统,并称之为群 (现在称为 $f(x)$ 的伽罗瓦群),即任何两个此类置换的合成还是那类置换. 为了运用置换的群,伽罗瓦发现需要理解它的 "结构";他需要建立子群、指数和正规子群的概念,然后他定义了群的可解性,并证明 $f(x)$ 的根式解存在,当且仅当它的群是可解的. 伽罗瓦的工作 (即所谓的伽罗瓦理论) 经刘维尔 (J. Liouville, 1809—1882) 的解读,后经阿廷 (E. Artin, 1898—1962) 的重述而绽放光彩. 自此,群逐渐成为数学中重要的研究对象.

1.1 集合

集合最早由德国数学家康托尔 (G.F.L.P. Cantor,1845—1918) 于 19 世纪提出并加以研究. 这种朴素的集合概念是众多数学分支的基石. 后来,罗素 (B.A.W. Russell, 1872—1970) 提出著名的 "罗素悖论" 导致了集合论的公理化,而避免此悖论的集合论其中之一是 Zermelo–Fraenkel 集合公理体系. 就朴素集合论而言,我们介绍一些最基本必要的概念.

集合 X 是指由一些具有特定性质的元素构成的全体 (例如数集、点集等). 对

集合中的某一元素 x, 用 $x \in X$ 表示元素 x 属于集合 X. 对于两个集合 X 和 Y, 我们称 $X = Y$ 是指它们具有同样的元素, 即 $x \in X \Leftrightarrow x \in Y$.

集合 X 的**子集**是其上某些元素构成的集合 S. 子集 S 含在 X 中, 记为 $S \subseteq X$. 显然, $X \subseteq X$. 如果 $S \subseteq X$ 且有 $S \neq X$, 我们称 S 是 X 的**真子集**, 记作 $S \subsetneq X$. 集合 X 和 Y 相等用子集的语言可表述为 $X = Y$ 当且仅当 $X \subseteq Y$ 同时 $Y \subseteq X$.

不含有任何元素的集合称为**空集**, 记作 $\varnothing$. 对任意集合 X, 均有 $\varnothing \subseteq X$, 由此可知, 存在唯一的空集.

设 X, Y 是集合 Z 的子集, 则二者的**交集**定义为

$$X \cap Y := \{z \in Z : z \in X \text{ 并且 } z \in Y\}.$$

进而, 对于 Z 中一族集合 $\{A_i : i \in I\}$, 其中 I 是指标集 (有限或者无限), 同理定义其**交集**为

$$\bigcap_{i \in I} A_i := \{z \in Z : \text{对任意 } i \in I \text{ 都有 } z \in A_i\}.$$

显然有, $X \cap Y \subseteq X$ 以及 $X \cap Y \subseteq Y$. 类似地, $\bigcap_{i \in I} A_i \subseteq A_j$ 对任意 $j \in I$ 成立.

设 X, Y 是集合 Z 的子集, 则二者的**并集**定义为

$$X \cup Y := \{z \in Z : z \in X \text{ 或者 } z \in Y\}.$$

更一般地, Z 中一族集合 $\{A_i : i \in I\}$, 指标集 I 有限或者无限, 定义其**并集**为

$$\bigcup_{i \in I} A_i := \{z \in Z : \text{存在 } i \in I \text{ 使得 } z \in A_i\}.$$

显然有, $X \subseteq X \cup Y$ 以及 $Y \subseteq X \cup Y$. 同样, $A_j \subseteq \bigcup_{i \in I} A_i$ 对任意 $j \in I$ 成立.

设 X, Y 是集合, 则 X 与 Y 的**差集**定义为

$$X - Y := \{x \in X : x \notin Y\}.$$

类似地, 可以定义 Y 与 X 的差集为 $Y - X$. 特别地, 设 X 是集合 Z 的子集, 则其在 Z 中的**补集** X' 为 $X' := Z - X$. 显然, X 与 X' 是不相交的, 即 $X \cap X' = \varnothing$.

定义 1.1.1 设 X, Y 是集合. 它们的**笛卡儿积** $X \times Y$ 定义为有序对 (x, y) 的集合, 即

$$X \times Y := \{(x, y) : x \in X, y \in Y\}.$$

有序对 $(x,y) = (x',y')$ 当且仅当 $x = x'$ 且 $y = y'$.

下面映射的定义不同于以往常见的定义方式, 但其内涵一致, 而更为严格.

定义 1.1.2 令 X, Y 是集合. 由 X 到 Y 的**映射** $f : X \to Y$ 是 $X \times Y$ 的一个子集, f 使得对每个 $x \in X$ 存在唯一的 $y \in Y$ 满足 $(x,y) \in f$.

对每个 $x \in X$, 存在唯一的 $y \in Y$ 使得 $(x,y) \in f$, 其中 y 称为 f 在 x 处的值, 记为 $y = f(x)$. 因而, f 是 $X \times Y$ 中形如 $(x, f(x))$ 构成的集合. 称 X 是 f 的**定义域**, Y 是 f 的**上域**. f 的**像** (或称值域) 是 Y 的子集 $\{y \in Y : y = f(x)$对某个 $x \in X\}$, 记为 $\mathrm{im} f$. 映射 f 在一点 x 处的值 $f(x)$ 是唯一确定的, 有时也将此条件称为 f 是**单值映射**.

例 1.1.3 (i) 集合 X 上的**恒等映射**记为 $1_X : X \to X$, 即对任意 $x \in X$ 有 $1_X(x) = x$.

(ii) **常值映射**: 存在 $y_0 \in Y$ 使得对任意 $x \in X$ 有 $f(x) = y_0$.

定义 1.1.4 设 $f : X \to Y$ 和 $g : X' \to Y'$ 是集合之间的两个映射. 如果有 $X = X', Y = Y'$ 且子集 $f \subseteq X \times Y$ 与 $g \subseteq X' \times Y'$ 相同, 则称映射 f 与 g **相等**.

一个映射 $f : X \to Y$ 包含三个要素: 定义域 X, 上域 Y 和图 $\{(x, f(x)) : x \in X\}$ (即对应法则 f). 两个映射相同意味着它们有相同的定义域、上域和对应法则.

对于集合 X, Y 之间的两个映射 f, g, 则 $f = g$ 当且仅当 $f(x) = g(x)$ 对任意 $x \in X$ 成立.

定义 1.1.5 给定映射 $f : X \to Y$ 和 X 的子集 S.

(i) 映射 f 在 S 上的**限制映射**定义为映射 $f|_S : S \to Y, s \mapsto f(s)$.

(ii) 定义 S 到 X 的**包含映射**为 $i : S \to X, s \mapsto i(s) = s$.

命题 1.1.6 设 $f, g : X \to Y$ 是集合 X, Y 之间的两个映射, 则 $f = g$ 当且仅当 $f(x) = g(x)$ 对任意 $x \in X$ 成立.

证明 留给读者练习. □

定义 1.1.7 映射 $f : X \to Y$ 称为**满射**, 如果有 $\mathrm{im} f = Y$. 此即对任意 $y \in Y$, 存在 $x \in X$ 满足 $y = f(x)$.

映射 $f : X \to Y$ 称为**单射**, 如果对 X 中不同元素 $x \neq x'$, 满足 $f(x) \neq f(x')$. 等价地, 若有 $a, a' \in X$ 都有 $f(a) = f(a')$, 必有 $a = a'$.

映射 $f : X \to Y$ 称为**双射**, 如果 f 既是单射又是满射.

按符号惯例, 我们以 $\hookrightarrow$ 表示单射, 以 $\twoheadrightarrow$ 表示满射. 下面考虑映射的合成.

定义 1.1.8 设有映射 $f : X \to Y$ 和 $g : Y \to Z$. 它们的**合成** (或称**乘法**),

记为 $g \circ f$ (简记为 gf), 定义为映射

$$g \circ f : X \to Z, \quad x \mapsto g(f(x)).$$

映射的合成实际上分为两步: $x \mapsto f(x) \mapsto g(f(x))$. 若 f 的值域恰好是 g 的定义域, 则可以有合成 $g \circ f$. 对于集合 X, 令

$$\mathcal{F}(X) := \{X \text{到自身映射的全体}\}.$$

$\mathcal{F}(X)$ 中的任意两个映射总可以合成. 易见 $\mathcal{F}(X)$ 中的合成不总是满足交换律, 即 $f \circ g$ 与 $g \circ f$ 未必相等, 但是合成一定满足结合律, 即下面的引理.

引理 1.1.9 设有映射

$$f: X \to Y, \quad g: Y \to Z, \quad h: Z \to W.$$

则成立 $h \circ (g \circ f) = (h \circ g) \circ f$.

证明 通过取元素 $x \in X$, 然后比较其在两个映射下的像即得. 图示如下

$$X \xrightarrow{f} Y \xrightarrow{g} Z \xrightarrow{h} W.$$

□

因为映射合成满足结合律, 故 $h \circ g \circ f$ 不会引起歧义, 无须加括号. 集合 X 上的恒等映射 1_X 在 $\mathcal{F}(X)$ 中的合成运算下扮演的角色类似于数的乘法中的自然数 1.

引理 1.1.10 设有映射 $f: X \to Y$, 则成立 $1_Y \circ f = f = f \circ 1_X$.

证明 此引理可简单验证, 留给读者练习. □

如果我们有映射 $f: X \to Y, x \mapsto f(x)$, 我们可否反过来定义一个映射 $f^{-1}: Y \to X, f(x) \mapsto x$? 根据映射的条件, 这需要满足

(i) f 是满射, 即 f^{-1} 定义域是 Y;

(ii) f^{-1} 是单值映射, 即 f 是单射.

从而, 对于双射 $f: X \to Y$, 我们可以考虑其逆映射.

定义 1.1.11 设映射 $f: X \to Y, x \mapsto f(x)$ 是双射, 则定义其**逆映射**是映射

$$f^{-1}: Y \to X, \quad f(x) \mapsto x.$$

注记 1.1.12 对于双射 $f: X \to Y$ 及其逆映射 $f^{-1}: Y \to X$, 易见有 $f \circ f^{-1} = 1_Y$ 及 $f^{-1} \circ f = 1_X$. 反之, 对于映射 $f: X \to Y$, 若有映射 $g: Y \to X$ 满足 $f \circ g = 1_Y$ 且 $g \circ f = 1_X$, 则也必有 f 是双射, 从而 g 是 f 的逆映射.

设有集合 X, Y 及映射 $f: X \to Y$. 对子集 $S \subseteq X$, 考虑 Y 中子集

$$f(S) := \{y \in Y : \text{存在某个 } s \in S \text{ 使得 } y = f(s)\},$$

称 $f(S)$ 是 S 在 Y 中的**像**. 对于子集 $W \subseteq Y$, 考虑 X 中子集

$$f^{-1}(W) := \{x \in X : f(x) \in W\},$$

称 $f^{-1}(W)$ 是 W 在 X 中**逆像**. 这里不要求 f 是双射.

定义 1.1.13 集合 X 上的笛卡儿积 $X^2 = X \times X$ 的任一子集 R 定义为 X 的二元关系. 对 $x, y \in X$, 以 xRy 表示 $(x, y) \in R$, 即是说 x, y 具有关系 R.

很多特殊的二元关系有特殊的记号, 例如下面的例子.

例 1.1.14 对整数集 $\mathbb{Z}$, 定义

$$R = \{(x, y) \in \mathbb{Z}^2 : \text{存在整数 } a \text{ 使得 } y = ax\}.$$

这给出了整数集上的整除关系, 常以 $x \mid y$ 表示 $(x, y) \in R$, 含义是 x 整除 y.

集合的关系中有一类重要的关系, 称为等价关系.

定义 1.1.15 集合 X 上的 (二元) 关系 $\sim$ 称作**等价关系**, 如果对任意 $x, y, z \in X$ 满足以下性质:

(i) **反身性** $x \sim x$;

(ii) **对称性** $x \sim y \implies y \sim x$;

(iii) **传递性** $x \sim y$ 且 $y \sim z \implies x \sim z$.

对于 X 上的等价关系 $\sim$ 和任意 $x \in X$, 含 x 的等价类记为 $[x] := \{y \in X : y \sim x\}$. 对任意 $y \in [x]$, 则称 y 是 $[x]$ 的**代表元**, 即等价类中的任意元素都是该等价类的代表元. 我们在每个等价类 $[x]$ 中选取一个元素放在一起构成的集合称为等价关系 $\sim$ 的**完全代表系**. 设 S 是一个完全代表系, 那么 S 中的不同元素互不等价, 并且 X 中的每个元素都和 S 中的某个元素等价. 由反身性知 $x \in [x]$. 由传递性知等价类中的任意两个元素彼此等价, 不同的等价类之间没有公共元素. 因此, X 是等价类的并, 并且不同等价类不相交. 因此, 我们有下面的划分概念

定义 1.1.16 集合 X 的划分是 X 的一族非空子集 $\{X_i\}_{i \in I}$, 其中 I 是指标集, 满足

(i) $X_i \bigcap X_j = \varnothing, \forall i \neq j$;

(ii) $X = \bigcup_{i \in I} X_i$.

所谓划分是指集合 X 被分解为两两互不相交的子集的并. 反过来, 如果给出 X 上的一个划分, 那么也可以确定一个等价关系使得其等价类就是该划分. 此等价关系可取为 $x \sim y$, 当且仅当 x, y 属于划分中的同一个子集. 由此可见 X 上的等价关系一一对应于 X 的划分.

定义 1.1.17 设 X 上有等价关系 $\sim$, 则 X 关于该等价关系的**商集**定义为全体等价类的集合, 记为 $X/\sim$. 显然有一个自然的满射

$$p: X \longrightarrow X/\sim, \quad x \longmapsto [x].$$

映射 p 称为等价关系的**商映射**.

例 1.1.18 (i) 集合 X 上元素的相等 "=" 显然是等价关系.

(ii) 考虑整数 $\mathbb{Z}$ 上模 m 的同余关系 "$\equiv$": $x \equiv y \pmod{m} \Leftrightarrow m \mid (x-y)$. 易验证同余关系是等价关系. $\mathbb{Z}$ 模 m 的同余类记为 $\mathbb{Z}/m\mathbb{Z}$.

(iii) 设 $X = \{(a,b) \in \mathbb{Z} \times \mathbb{Z} : b \neq 0\}$. 定义 X 上关系 $(a,b) \sim (c,d)$ 为 $ad = bc$, 则 $\sim$ 是 X 上的等价关系.

定义 1.1.19 对两个集合 X, Y (可以是无限集), 如果存在双射 $f: X \to Y$, 则称 X, Y 是**等势**的. 等势是集合间的等价关系. 集合 X 关于等势的等价类称为 X 的**基数**, 记为 $|X|$.

集合 X 的基数直观上可理解为集合 X 中元素的数量. 显然, 当 X, Y 是有限集时, 其基数相等即两个集合元素的个数相同. 设 $|X| = m, |Y| = n$ ($|X|$ 即为有限集 X 中的元素个数), 则 $|X \times Y| = mn$. 对于无限集基数的比较, 恰是康托发现了解决问题关键的钥匙, 即比较两个集合之间是否可以建立双射. 以此出发, 康托发现自然数集合比实数集合的基数小, 从而揭示了无穷的不同层次.

习题 1.1

1. 设有集合间的映射 $f: X \to Y$, 证明:
    (i) 对 X 中子集 $T \subseteq S$, 则有 $f(T) \subseteq f(S)$; 对 Y 中子集 $U \subseteq V$, 则有 $f^{-1}(U) \subseteq f^{-1}(V)$;
    (ii) 设 $U \subseteq Y$, 则有 $ff^{-1}(U) \subseteq U$; 若 f 是满射, 则 $ff^{-1}(U) = U$;
    (iii) 设 $S \subseteq X$, 则有 $S \subseteq f^{-1}f(S)$; 若 f 是单射, 则 $S = f^{-1}f(S)$.

2. 设 X, Y 是具有相同基数的有限集. 给定映射 $f: X \to Y$, 证明下述陈述等价:
    (i) f 是单射;
    (ii) f 是满射;
    (iii) f 是双射.

3. 设有映射 $f: X \to Y$ 和 $g: Y \to Z$,证明:
   (i)   若 f, g 均是单射,则 $g \circ f$ 也是单射;
   (ii) 若 f, g 均是满射,则 $g \circ f$ 也是满射;
   (iii) 若 f, g 均是双射,则 $g \circ f$ 也是双射;
   (iv) 若 $g \circ f$ 是双射,则 f 是单射, g 是满射.
4. 设有集合间映射 $f: X \to Y$. 定义 X 上关系 $\sim$ 为

$$对\ a, b \in X, 若\ f(a) = f(b), 则称\ a \sim b.$$

   问此关系是否是 X 上的等价关系?
5. 设 m 是大于 0 的自然数,那么商集 $\mathbb{Z}/m\mathbb{Z}$ 的基数是多少?
6. 对于 $X = \mathbb{Z} \times \mathbb{Z}$,定义 X 上关系 $(a, b) \sim (c, d)$ 为 $ad = bc$. 问 $\sim$ 是否为 X 上等价关系?

1.2 群

在群的结构中,"乘积" 运算本质上是一种特殊的映射. 我们先看一下一般的运算. 设 G 是集合,则 G 上的一个 (二元) 运算 $*$ 定义为映射

$$*: G \times G \to G, \quad (x, y) \mapsto x * y =: *(x, y).$$

这种定义表达了运算的本质特点,即乘法的**封闭性**. 诸如 G 是数集 (自然数集、整数集、实数集、复数集 ……) 或置换的集合等,其上运算均由上式概括. 因为 (x, y) 是有序对,所以一般而言 $x * y \neq y * x$. 为方便起见,在不混淆的情况下,我们简记 $x * y$ 为 xy.

定义 1.2.1 集合 G,带有运算 $*$,如果满足下列条件:

(i) 对任意 $a, b, c \in G$,都有 $a(bc) = (ab)c$;
(ii) 存在一个元素 e,对任意 $a \in G$,都有 $ae = a = ea$;
(iii) 对每个 $a \in G$,均存在 $b \in G$,使得 $ab = ba = e$,

则称 G 关于运算 $*$ 是**群**. 定义中的 e 称为**幺元**或单位元,元素 b 称为 a 的**逆元**.

在无歧义时,我们也常用 1_G 或 1 表示 G 中幺元 e. 有时以 $(G, *)$ 表示带有运算 "$*$" 的群 G.

注记 1.2.2 (1) 如果我们将定义中的后两条分别替换为 G 中存在左幺元,即 $1a = a, \forall a \in G$,对任意 $a \in G$ 存在左逆元 $b \in G$,即 $ba = 1$,那么可以证明此定义与上述定义等价,见命题 1.2.3. 类似地,仅要求右幺元和右逆元,定义也是等价的.

(2) 如果仅满足定义中的 (i),则 G 称为**半群**,例如正整数集 $(\mathbb{Z}_{>0}, +)$. 如果满足定义 1.2.1 中的 (i)(ii),则 G 称为**幺半群**,例如自然数集 $(\mathbb{Z}_{\geqslant 0}, +)$.

(3) 关于不满足结合律的运算, 我们熟悉的例子是向量的外积. 另外一个重要的例子是李代数的括积 "[,]", 具体来说, 取数域 F 上的 n 阶方阵 $\boldsymbol{A}, \boldsymbol{B}$, 定义括积 $[\boldsymbol{A}, \boldsymbol{B}] = \boldsymbol{AB} - \boldsymbol{BA}$. 括积不满足结合律, 而满足雅可比恒等式, 即 $[\boldsymbol{A}, [\boldsymbol{B}, \boldsymbol{C}]] + [\boldsymbol{B}, [\boldsymbol{C}, \boldsymbol{A}]] + [\boldsymbol{C}, [\boldsymbol{A}, \boldsymbol{B}]] = 0$.

命题 1.2.3 集合 G, 带有运算 $*$ 和一个元素 e, 满足下列条件:

(i) 对任意 $a, b, c \in G$, 都有 $a(bc) = (ab)c$;

(ii) 对任意 $a \in G$, 都有 $ea = a$;

(iii) 对每个 $a \in G$, 均存在 $b \in G$, 使得 $ba = e$,

那么 G 关于运算 $*$ 构成群.

证明 显然我们只需验证 $ae = a$ 及 $ab = e$. 由

$$(ab)(ab) = (a(ba))b = (ae)b = ab$$

以及存在元素 c 使得 $c(ab) = e$, 从而推出 $ab = e$. 进一步,

$$ae = a(ba) = (ab)a = ea = a.$$

综上, G 是群. □

命题 1.2.4 群 G 的幺元 1 是唯一的; 元素 $a \in G$ 的逆元也是唯一的, 并将其记为 a^{-1}.

证明 设 $1, e$ 都是 G 的幺元, 则有

$$1 = 1e = e.$$

设 b, b' 都是 a 的逆元, 则

$$b = b1 = b(ab') = 1b' = b'.$$
□

定义 1.2.5 群 G 的基数称为 G 的**阶**, 记为 $|G|$ 或 $\#G$. 当 $|G| < \infty$ 时, 称其为**有限群**, 否则称其为**无限群**.

定义 1.2.6 群 G 称为**交换群** (或称为阿贝尔群⊖), 如果 G 满足**交换律**, 即 $\forall a, b \in G$ 满足 $ab = ba$.

约定 1.2.7 对于交换群, 惯例是将其二元运算 $*$ 写成加法 $+$, 并将幺元写成 0, 元素 x 的逆写成 $-x$.

⊖ 这是为了纪念阿贝尔在代数方程的根式解中的工作而命名的. 他于 1827 年证明根式解存在, 如果方程的伽罗瓦群是交换的.

例 1.2.8 (i) 整数集 $\mathbb{Z}$, 有理数集 $\mathbb{Q}$, 实数集 $\mathbb{R}$, 复数集 $\mathbb{C}$ 关于数的加法运算都是交换群.

(ii) 非零有理数集 $\mathbb{Q}^\times$, 非零实数集 $\mathbb{R}^\times$, 非零复数集 $\mathbb{C}^\times$ 关于数的乘法运算也都是交换群.

(iii) 复平面上模长是 1 的复数 $\{z \in \mathbb{C}: |z|=1\}$, 记为 S^1, 其关于复数的乘法构成群, 称为**单位圆群**.

(iv) 方程 $z^n = 1$ 的所有复根构成的集合 $\{z \in \mathbb{C}: z^n = 1\}$, 记为 μ_n, 其关于复数的乘法构成群, 称为 n **次单位根群**.

例 1.2.9 (**一般线性群**) 考虑 $n \times n$ 实矩阵构成的集合 $M_n(\mathbb{R})$, 并定义 $GL_n(\mathbb{R})$ 为其中可逆矩阵构成的子集. 显见 $M_n(\mathbb{R})$ 对矩阵乘法构成幺半群, 其幺元为单位矩阵, 但它不是群 (例: 零矩阵不可逆). 然而 $GL_n(\mathbb{R})$ 对矩阵乘法则构成群. 这些结构在 $n > 1$ 时非交换.

对任意数域 F 可类似定义 $M_n(F)$ 和 $GL_n(F)$, 后者称为 F 上的**一般线性群**.

例 1.2.10 魔方的所有操作构成群, 是非交换群. 例如 3 阶魔方, 其所有可能的状态数为 43252003274489856000, 一个群论的证明可参看文献 [4] 中的推论 11.2.3. 用 3 阶魔方转动的通用记号, 如图 1.1 展示了 R, U 转动, 显然有 RU≠UR. 给定一个打乱的魔方将其还原, 本质上就是找那个状态的逆映射. T. Rokick 等人证明, 任意的 3 阶魔方状态总可以在 20 步以内还原, 可参看文献 [7], 或探索一下网页 https://rubiks-cube-solver.com/. 关于魔方详尽的群论探讨可参阅文献 [4] 第 11∼15 章.

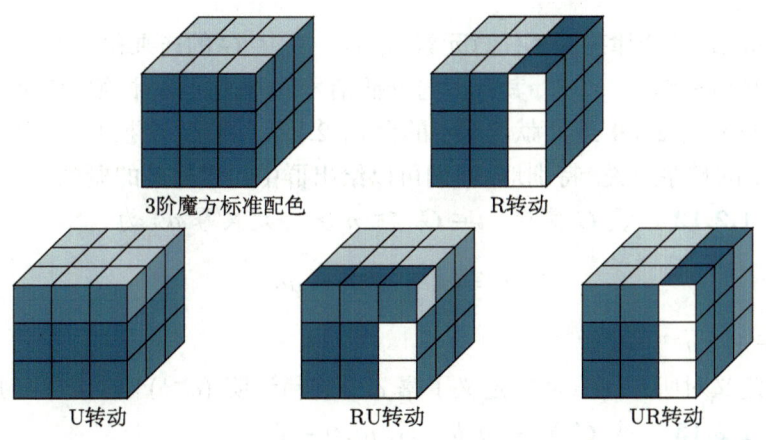

图 1.1 3 阶魔方图示 (见文前彩插)

例 1.2.11（椭圆曲线） 数域 F 上的方程 $E: Y^2 = X^3 + aX^2 + bX + c$（其中关于 X 的三次方程无重根）决定的曲线称为椭圆曲线 (elliptic curve)。它并非椭圆 (ellipse)，但和其相关。历史上对椭圆弧长的计算导致了对椭圆曲线的研究。对椭圆曲线 E 的两个点 P, Q，定义 $P + Q$ 是连接 P, Q 的直线 ℓ_{PQ} 与 E 相交的第三个点 R 关于 x 轴的对称点。当 $P = Q$ 时，直线 ℓ_{PQ} 是过 P 点的切线。取 $F = \mathbb{R}$，椭圆曲线上点的加法 "+" 如图 1.2 所示。当引入无穷远点 O 之后，$E \cup \{O\}$ 关于加法 "+" 构成交换群，O 是单位元，结合律可通过坐标的计算直接验证，但是十分烦琐。关于椭圆曲线详尽的介绍可参阅文献 [11].

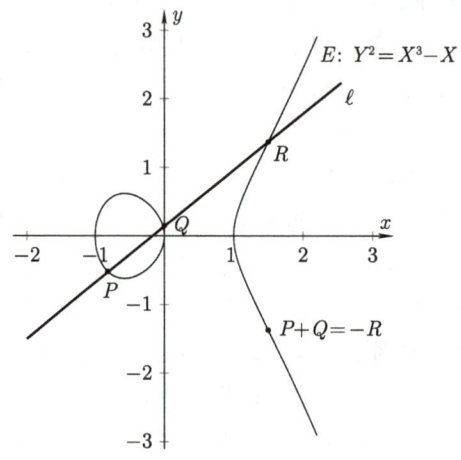

图 1.2 椭圆曲线 $Y^2 = X^3 - X$

对于群 G，结合律确保了任意元素 $x_1, \cdots, x_n \in G$ 的连乘积 $x_1(x_2(\cdots x_i)\cdots)$ 可以无歧义地写作 $x_1 \cdots x_n$，其解读与安插括号的方式无关，详细的证明可参看文献 [8] 中的定理 2.4.9 或文献 [1] 中的命题 2.1.4. 当 G 交换时，此连乘积则与 $x_1, \cdots, x_n$ 的顺序无关。特别地，我们可以给出群中元素的幂的概念。

定义 1.2.12 设 G 是群，$a \in G$. 对 $n \geqslant 1$，定义幂 a^n 为

$$a^1 = a, \quad a^{n+1} = aa^n.$$

定义 $a^0 = 1_G$, $a^{-n} = (a^{-1})^n$.

上述定义对所有的 $n \in \mathbb{Z}$ 定义了幂 a^n. 容易说明 $(a^{-1})^n = (a^n)^{-1}$ 成立。

命题 1.2.13 令 G 是群，$a, b \in G, m, n \in \mathbb{Z}$.

(i) 若 a, b 乘法可交换，则有 $(ab)^n = a^n b^n$.

(ii) $(a^n)^m = a^{mn}$.

(iii) $a^m a^n = a^{m+n}$.

证明 以上性质均可简单验证. □

命题 1.2.14 设 G 是群. 则有

(i) **消去律**成立: $\forall a, b, x \in G$, 若 $ax = bx$ 或 $xa = xb$ 成立, 则有 $a = b$.

(ii) $\forall a, b \in G$, 总有 $(ab)^{-1} = b^{-1} a^{-1}$; 一般地, 对 $n \geqslant 2$, 有

$$(a_1 a_2 \cdots a_n)^{-1} = a_n^{-1} \cdots a_2^{-1} a_1^{-1}.$$

证明 以上性质均可简单验证. □

习题 1.2

1. 设 G 是群, $\forall x \in G$ 满足 $x^2 = 1$, 证明: G 是交换群.
2. 证明所有 n 阶整数系数的可逆矩阵的集合 $GL_2(\mathbb{Z})$ 关于矩阵的乘法构成群.
3. 设 $G = GL_2(\mathbb{Q})$. 令

$$\boldsymbol{A} = \begin{pmatrix} 0 & -1 \\ 1 & 0 \end{pmatrix} \quad \text{以及} \quad \boldsymbol{B} = \begin{pmatrix} 0 & 1 \\ -1 & 1 \end{pmatrix}.$$

   (i) 试计算 $\boldsymbol{A}^4, \boldsymbol{B}^6$.
   (ii) 证明: 对任意 $n > 0$, 均有 $(\boldsymbol{AB})^n \neq \boldsymbol{I}$, 其中 $\boldsymbol{I}$ 为单位矩阵.

4. 对 3 阶魔方做 $\alpha = RU$ 操作. 若 $\alpha^n = 1$, 试问 n 至少是多少? 对于 2 阶魔方的情形, n 至少是多少? 〉提示〉动手试试或在线试验一下 https://rubiks-cube-solver.com/2x2/.

5. 考虑椭圆曲线 $E: y^2 = x^3 + 1$, 其加法单位元为无穷远点 O. 取 $P \in E$, 问 $P + P$ 是哪个点?
   (i) $P = (-1, 0)$;   (ii) $P = (2, 3)$.

6. 固定 $0 < s < 1$. 令 $n_0, n_1, n_2, \cdots$ 是增长非常快的正整数序列, 即对所有 k 满足 $n_{k+1} > \max\{n_k^k, 4n_k^{1/s}\}$. 对 $r = 1, 2, \cdots$ 令

$$F_r = \bigcup_{p \in \mathbb{Z}} \{x \in \mathbb{R} : |x - p/n_k| \leqslant r n_k^{-1/s} \text{对某个整数 } p \text{ 以及对所有 } k \text{ 成立}\}.$$

令 $F = \bigcup_{r=1}^{\infty} F_r$. 证明: F 关于数的加法构成群 (注: 这是分形群, 其分形维数是 s, 此类例子最早由 Erdös 和 Volkmann 给出, 参考文献 [3] 中的例 12.4).

7. 设 X 是集合. 对任意子集 $A, B \in X$, 则 A 与 B 的差集为 $A - B := \{x \in A : x \notin B\}$. 定义 $A + B := (A - B) \cup (B - A)$. 证明: $(X, +)$ 构成交换群.

8. 设 G 是群, e 是该群的单位元. 定义 G 的一个子集

$$F = \{h \in G \mid \text{存在自然数} m \geqslant 1 \text{ 使得} h^m = e\}.$$

假设集合 F 内元素个数有限. 证明: 存在一个自然数 $n \geqslant 1$ 使得对所有 $g \in G$ 和 $h \in F$ 等式 $g^n h = h g^n$ 总成立. 〉提示〉取 $g \in G$. 令 m_h 满足 $h^{m_h} = 1$. 记

$F_g := \{ghg^{-1} : h \in F\}$. 因 $(ghg^{-1})^{m_h} = 1$, 故 $ghg^{-1} \in F$. 因此 $F_g \subseteq F$, 并且 $|F_g| \leqslant |F|$. 同样的论证对 $F_{g^2}, F_{g^3}, \cdots$ 成立. 以上及 F 的有限性说明, 对每个 h, 存在 $\ell_h \leqslant |F|$ 使得 $g^{\ell_h} h g^{-\ell_h} = h$. 取 $n = |F|!$ (此处为阶乘), 则 $\ell_h \mid n$. 那么由 $g^{\ell_h} h g^{-\ell_h} = h$, 验证 $g^n h g^{-n} = h$.

1.3 置换群

置换的研究起初来自于对代数方程的根的置换讨论. 此概念的一般化恰是引向群论的最初途径, 而且也是一个经典的路径.

定义 1.3.1 集合 X 到自身的一个双射 $\alpha : X \to X$ 称为 X 的一个**置换**. X 上的所有置换构成的集合, 记为 S_X. 若 $X = \{1, 2, \cdots, n\}$, 则记 $S_X = S_n$.

S_X 是群的典型例子, 所以下列命题是明显的.

命题 1.3.2 对于集合 X 上的所有置换的集合 S_X, 关于映射的合成 (也称乘法) 有以下性质

(i) 若 $f, g \in S_X$, 则 $f \circ g \in S_X$;

(ii) 对任意 $f, g, h \in S_X$, 则 $h \circ (g \circ f) = (h \circ g) \circ f$ 总成立;

(iii) 恒等映射 $1_X \in S_X$, 且对任意 $f \in S_X$ 均有 $1_X \circ f = f = f \circ 1_X$;

(iv) 对任意 $f \in S_X$, 存在 $g \in S_X$ 满足 $g \circ f = 1_X = f \circ g$.

证明 以上性质均可简单验证, 留予读者练习. □

S_X 关于映射乘法构成群, 称为 X 上的**置换群** (或称为对称群). S_n 称为 **n 元对称群**. 对称群中有一类简单且特殊的元素, 即下面的概念.

对集合 X, Y 存在自然的嵌入 $S_X \times S_Y \hookrightarrow S_{X \sqcup Y}$, 其中 $X \sqcup Y$ 为集合 X, Y 的无交并. 这里 S_X 和 S_Y 在 $S_{X \sqcup Y}$ 中之所以对乘法交换, 是因为它们所挪动的元素 "不交". 这自然地导向下述定义.

定义 1.3.3 设 $a_1, \cdots, a_m$ 是 X 中相异的元素. 对称群 S_X 中的 m **循环** (又称轮换) 是下述映射 $\sigma : X \to X$

$$\sigma(a_i) = a_{i+1}, \quad i = 1, \cdots, m-1,$$
$$\sigma(a_m) = a_1, \quad i = m,$$
$$\sigma(x) = x, \quad x \notin \{a_1, \cdots, a_m\},$$

并将 σ 记为 $(a_1 \cdots a_m)$. 称 m 为循环 σ 的长度; 2 循环 (ab) 又称**对换**. 我们称 S_X 中两个循环 $(a_1 \cdots a_m), (b_1 \cdots b_k)$ 不交, 如果 $\{a_1, \cdots, a_m\} \cap \{b_1, \cdots, b_k\} = \varnothing$. 恒等映射 1_X 记为 (1).

对于 $\alpha, \beta \in S_n$，我们以 $\alpha\beta$ 简记 $\alpha \circ \beta$，其中 $\alpha\beta$ 作用到 $i \in \{1, 2, \cdots, n\}$ 为左作用，即 $\alpha\beta(i) = \alpha(\beta(i))$. 长度为 1 的循环 (i) 都是恒等映射. 对循环 $(a_1 \cdots a_m)$ 作用到 i 上的像记为 $(a_1 \cdots a_m)[i]$，以免与循环的乘积混淆.

例 1.3.4 三元对称群 S_3 可表示为

$$S_3 = \{(1), (12), (13), (23), (123), (132)\}.$$

命题 1.3.5 取循环 $\sigma = (a_1 a_2 \cdots a_m) \in S_n$，则 $\sigma^m = (1)$. 进而，$\{\sigma^i : i \in \mathbb{Z}\} = \{\sigma, \sigma^2, \cdots, \sigma^{m-1}, (1)\}$.

证明 对 $a_i \in \{a_1, \cdots, a_m\}$ 有 $\sigma^m(a_i) = \sigma^i \sigma^{m-i} a_i = \sigma^i(a_m) = a_i$. 对于 $x \notin \{a_1, \cdots, a_m\}$，显然有 $\sigma^m(x) = x$. 故 $\sigma^m = (1)$.

对 $i \in \mathbb{Z}$，由整数带余除法得 $i = qm + r$，其中 $0 \leqslant r < m$. 因此，$\sigma^i = \sigma^r$. 故 $\{\sigma^i : i \in \mathbb{Z}\} = \{\sigma, \sigma^2, \cdots, \sigma^{m-1}, (1)\}$. □

引理 1.3.6 不交的循环对乘法相交换.

证明 设 S_X 中两个循环 $\alpha = (a_1 \cdots a_m)$，$\beta = (b_1 \cdots b_k)$ 不交，对于 $x \notin \{a_1, \cdots, a_m\} \cup \{b_1, \cdots, b_k\}$，显然有 $\alpha\beta(x) = \beta\alpha(x) = x$. 若 $y \in \{a_1, \cdots, a_m\}$，记 $\alpha(y) = z \in \{a_1, \cdots, a_m\}$，则 $\alpha\beta(y) = \alpha(y) = z$，$\beta\alpha(y) = \beta(z) = z$，故而 $\alpha\beta(y) = \beta\alpha(y)$. 若 $y \in \{b_1, \cdots, b_k\}$，同理有 $\alpha\beta(y) = \beta\alpha(y)$. 综上知 $\alpha\beta = \beta\alpha$，引理得证. □

定义 1.3.7 设集合 X 上的对称群为 S_X，取 $\sigma \in S_X, a \in X$. 称集合 $\langle\sigma\rangle(a) := \{\sigma^k(a) : k \in \mathbb{Z}\}$ 为置换 σ 作用在 a 上的**轨道**.

关于一般群作用的轨道可参看定义 1.7.5.

命题 1.3.8 设集合 X 上的对称群为 S_X，取 $\sigma \in S_X$. 则 σ 的轨道给出集合 X 的一个划分.

证明 若轨道 $\langle\sigma\rangle(a) \cap \langle\sigma\rangle(b) \neq \varnothing$，则必有 $\langle\sigma\rangle(a) = \langle\sigma\rangle(b)$. 这是因为若有 $\sigma^i(a) = \sigma^j(b)$，则 $a = \sigma^{-i}(\sigma^i(a)) = \sigma^{-i}(\sigma^j(b)) = \sigma^{j-i}(b) \in \langle\sigma\rangle(b)$，故 $\langle\sigma\rangle(a) \subseteq \langle\sigma\rangle(b)$. 同理有 $\langle\sigma\rangle(b) \subseteq \langle\sigma\rangle(a)$，因而二者相等. 又因为对任意 $a \in X$，总有 $a \in \langle\sigma\rangle(a)$. 综上，$\sigma$ 的轨道给出集合 X 的一个划分. □

定理 1.3.9（循环分解） 每个 $\sigma \in S_n$ 都能表示成不交的循环之积

$$\sigma = (a_1 a_2 \cdots)(b_1 b_2 \cdots) \cdots,$$

其中的循环 $(a_1 \cdots), (b_1 \cdots)$ 不计排列次序下是唯一的. 由于 1 循环是单位元，乘积中可以省去.

证明 取 $X = \{1, 2, \cdots, n\}$. 由命题 1.3.8 知, σ 的轨道给出集合 X 的一个划分, 即 $X = \bigcup_{a \in X} \langle \sigma \rangle(a)$. 因为 X 是有限集, 所以每个轨道也是有限集. 而每个轨道对应一个循环 $(a\ \sigma(a)\ \sigma^2(a)\ \cdots)$, 其中轨道元素的个数即为循环的长度. 对于只有一个元素的轨道, 对应长度为 1 的循环, 均为恒等映射. 任取 $a \in X$, 则由 $\sigma(a) = (a\ \sigma(a)\ \sigma^2(a)\ \cdots)[a]$ 及引理 1.3.6 知映射 σ 与轨道对应的循环的乘积相等, 且在不计乘法次序下唯一. □

命题 1.3.10 循环 $\alpha = (a_1 a_2 \cdots a_m)$ 的逆是 $\alpha^{-1} = (a_m a_{m-1} \cdots a_1)$.

证明 易验证 $\alpha \alpha^{-1} = \alpha^{-1} \alpha = (1)$. □

命题 1.3.11 设 $\gamma, \alpha \in S_n$, 且 γ 有循环分解 $\gamma = \beta_1 \beta_2 \cdots (i_1 i_2 \cdots) \cdots \beta_t$. 则 $\alpha \gamma \alpha^{-1}$ 对应的循环分解为 α 作用到 γ 的循环分解里的每个元素得到, 即

$$\alpha \gamma \alpha^{-1} = \alpha \beta_1 \alpha^{-1} \cdot \alpha \beta_2 \alpha^{-1} \cdots \alpha (i_1 i_2 \cdots) \alpha^{-1} \cdots \alpha \beta_t \alpha^{-1},$$

其中 $\alpha(i_1 i_2 \cdots) \alpha^{-1} = (\alpha(i_1) \alpha(i_2) \cdots)$.

证明 首先, $\alpha(i_1 i_2 \cdots) \alpha^{-1}[\alpha(i_j)] = \alpha(i_1 i_2 \cdots)[i_j] = \alpha(i_{j+1})$. 若 $x \notin \{\alpha(i_1), \alpha(i_2), \cdots\}$, 则设 $x = \alpha(y)$, 其中 $y \notin \{i_1, i_2, \cdots\}$. 从而 $\alpha(i_1 i_2 \cdots) \alpha^{-1}(x) = \alpha(i_1 i_2 \cdots)[y] = \alpha(y) = x$. 综上有 $\alpha(i_1 i_2 \cdots) \alpha^{-1} = (\alpha(i_1) \alpha(i_2) \cdots)$. 其余论断可由命题中的等式得到. □

命题 1.3.12 每个置换 $\alpha \in S_n$ 都是对换的乘积.

证明 首先, 恒等映射 (1) 可表为 $(1) = (12)(12)$. 其次对一般循环 $(a_1 \cdots a_m) = (a_1 a_m)(a_1 a_{m-1}) \cdots (a_1 a_2)$. 由定理 1.3.9 知该命题成立. □

置换的对换表示形式并不是很理想. 一方面表示的对换未必交换, 例如 $(123) = (13)(12) \neq (12)(13)$. 另一方面, 对换表示的形式不唯一, 例如在 S_4 中有

$$(123) = (13)(12)$$

$$= (23)(13)$$

$$= (13)(42)(12)(14).$$

这种表示里面是否存在某种唯一性? 答案是有的, 即表示成对换的个数的奇偶性是唯一确定的[⊖]. 我们借助一点线性代数的知识加以说明.

考虑 n 维实向量空间 $\mathbb{R}^n = \{(x_1, \cdots, x_n) : x_i \in \mathbb{R}, i = 1, \cdots, n\}$. 取 $\sigma \in S_n$, 则 σ 在 $\mathbb{R}^n$ 上的作用为 $\sigma(x_1, \cdots, x_n) = (x_{\sigma^{-1}(1)}, \cdots, x_{\sigma^{-1}(n)})$. 令 $x_{\sigma^{-1}(j)} = x_i$,

---

⊖ 借助命题 1.3.9, 此问题利用置换的方法即可完成说明, 详细参考 J. Rotman [8] 2.2 节. 我们这里采用的证明方法实际参考了 M. Artin 在 [1] 1.5 节中的论述.

从而 $\sigma^{-1}(j) = i$, 即 $j = \sigma(i)$. 故 σ 作用的含义是将向量 $(x_1,\cdots,x_n)$ 的第 i 个位置的分量 x_i 映到第 $\sigma(i)$ 位置上. 易知对 $\sigma, \tau \in S_n$ 有

$$(\sigma\tau)(x_1,\cdots,x_n) = \sigma(\tau(x_1,\cdots,x_n)); \tag{1.3.1}$$

$$\sigma(r(x_1,\cdots,x_n)) = r\sigma(x_1,\cdots,x_n), \quad \forall r \in \mathbb{R};$$

$$\sigma((x_1,\cdots,x_n) + (y_1,\cdots,y_n)) = \sigma(x_1,\cdots,x_n) + \sigma(y_1,\cdots,y_n).$$

以上等式从 σ 在向量的位置上的作用考虑是容易得到的. 例如第一个等式, $\sigma\tau$ 将向量的第 i 个位置分量映射到第 $\sigma\tau(i)$ 位置上; 因 $\sigma\tau(i) = \sigma(\tau(i))$, 这等价于先将向量的第 i 个位置分量映到第 $\tau(i)$ 位置上, 然后再将第 $\tau(i)$ 位置上分量放到 $\sigma(\tau(i))$ 位置上. 上述等式后两条说明 σ 在 $\mathbb{R}^n$ 上的作用是线性映射, 在 $\mathbb{R}^n$ 的标准基下, σ 对应唯一一个矩阵, 称为 σ 的**置换矩阵**, 记为 $\boldsymbol{P}_\sigma$.

下面我们具体写出置换 $\sigma \in S_n$ 的置换矩阵. 记 $\boldsymbol{e}_{ij}$ 为 n 阶方阵, 其中第 i 行 j 列元素是 1, 其余元素全是 0.

引理 1.3.13 置换 $\sigma \in S_n$ 的置换矩阵为

$$\boldsymbol{P}_\sigma = \sum_{i=1}^n \boldsymbol{e}_{\sigma(i)i}.$$

证明 矩阵 $\boldsymbol{P}_\sigma$ 对向量 $(x_1,\cdots,x_n)^\mathrm{T}$ (T 表示矩阵的转置) 的作用即为矩阵的乘积, 从而有

$$\boldsymbol{P}_\sigma \cdot (x_1,\cdots,x_n)^\mathrm{T} = \sigma(x_1,\cdots,x_n)^\mathrm{T} = (x_{\sigma^{-1}(1)},\cdots,x_{\sigma^{-1}(n)})^\mathrm{T}.$$

另一方面,

$$\sum_{i=1}^n \boldsymbol{e}_{\sigma(i)i}(x_1,\cdots,x_n)^\mathrm{T} = \sum_{j=1}^n \boldsymbol{e}_{j\sigma^{-1}(j)}(x_1,\cdots,x_n)^\mathrm{T}$$

$$= (x_{\sigma^{-1}(1)},\cdots,x_{\sigma^{-1}(n)})^\mathrm{T} \tag{1.3.2}$$

$$= \boldsymbol{P}_\sigma \cdot (x_1,\cdots,x_n)^\mathrm{T}.$$

等式(1.3.2)第二个等号成立是因为

$$\boldsymbol{e}_{j\sigma^{-1}(j)}(x_1,\cdots,x_n)^\mathrm{T} = (0,\cdots,0,\underbrace{x_{\sigma^{-1}(j)}}_{\text{第 } j \text{ 列}},0,\cdots,0)^\mathrm{T}.$$

由向量 $(x_1,\cdots,x_n)^\mathrm{T}$ 的任意性, 公式(1.3.2)蕴含着 $\boldsymbol{P}_\sigma = \sum_{i=1}^n \boldsymbol{e}_{\sigma(i)i}$. □

定理 1.3.14　(i) 一个置换矩阵的每行和每列只有一个是 1，其余全是 0. 反之，此类矩阵必是置换矩阵.

(ii) 置换矩阵的行列式为 ± 1.

(iii) 设 σ, τ 是两个置换，对应的置换矩阵为 P_σ, P_τ. 则有 $P_{\sigma\tau} = P_\sigma P_\tau$.

证明　(i)(ii) 两条是容易的. 下面说明 (iii). 由引理 1.3.13 知

$$P_\sigma P_\tau = \left(\sum_{i=1}^n e_{\sigma(i),i}\right)\left(\sum_{j=1}^n e_{\tau(j),j}\right)$$

$$= \sum_{j=1}^n \sum_{i=1}^n e_{\sigma(i),i} e_{\tau(j),j} \quad (e_{\sigma(i),i} e_{\tau(j),j} = 0 \text{ 当} i \neq \tau(j))$$

$$= \sum_{j=1}^n e_{\sigma(\tau(j)),\tau(j)} e_{\tau(j),j}$$

$$= \sum_{j=1}^n e_{\sigma(\tau(j)),j}$$

$$= P_{\sigma\tau}.$$

□

定义 1.3.15　置换 $\sigma \in S_n$ 的置换矩阵 P_σ 的行列式 $\det P_\sigma$，称为置换 σ 的符号，记为 $\mathrm{sgn}\,\sigma$. 若 $\mathrm{sgn}\,\sigma = 1$，则称 σ 为**偶置换**；若 $\mathrm{sgn}\,\sigma = -1$，则称 σ 为**奇置换**.

推论 1.3.16　置换的对换分解，其分解成对换的个数的奇偶性是唯一确定的.

证明　首先，对换的符号是 -1. 由定理 1.3.14 知，若 $\sigma = \tau_1 \cdots \tau_m$，其中 τ_i 是对换，则

$$\mathrm{sgn}\,\sigma = \mathrm{sgn}\,\tau_1 \cdots \mathrm{sgn}\,\tau_m = (-1)^m.$$

若 $\mathrm{sgn}\,\sigma = 1$，则 m 是偶数，否则 m 是奇数.　□

习题 1.3

1. 写出 S_4 中所有的元素，利用循环或其乘积表示.
2. 将 S_8 中的下列置换写成不交的循环的乘积.
    (i)　$(145)(78)(257)$.
    (ii)　$(12)(478)(12)(72815)$.
3. 设 $\sigma = (1342)$ 是一个 4 元置换.

(i) 求其相应的置换矩阵.
(ii) 确定 σ 的符号.
4. 证明: 一个置换矩阵 $\boldsymbol{P}_\sigma$ 的逆是其转置.
5. 设 $\gamma = (13)(247), \alpha = (256)(143) \in S_7$. 计算 $\alpha\gamma\alpha^{-1}$.
6. 设 $n \geqslant 2$, 则 S_n 中所有偶置换有多少个?

1.4 子群

为了更仔细地理解群, 我们将从不同的方面理解它. 首先就是子群的概念. 子群, 顾名思义就是一个群的子集同时也是群. 设 $(G, *)$ 是群, S 是 G 的子集. 若对任意 $x, y \in S$ 有 $x * y \in S$, 我们称 S 关于运算 "$*$" 封闭. 群中乘法封闭的子集未必是群, 例如整数加群的子集 $\mathbb{N}$——自然数集, 关于加法封闭, 但不是群.

定义 1.4.1 群 G 的子集 H 称为**子群**, 如果它满足以下性质:

(i) $1 \in H$;
(ii) 对任意 $x, y \in H$ 都有 $xy \in H$;
(iii) 若 $x \in H$, 则 $x^{-1} \in H$.

以上定义实际上就是群的定义, 因为 H 自然满足结合律. 我们以 $H \leqslant G$ 表示 H 是 G 的子群. 若子群 $H \neq G$, 则称 H 是 G 的**真子群**, 记为 $H < G$. 若 $H \neq \{1\}$, 则称 H 是**非平凡的**.

例 1.4.2 (i) 置换集

$$V = \{(1), (12)(34), (13)(24), (14)(23)\}$$

是对称群 S_4 的子群. V 有时也称为克莱因 (Klein) 四元群.

(ii) 复平面的单位圆周群 S^1 是乘法群 $\mathbb{C}^\times$ 的子群. n 次单位根群 μ_n 是 S^1 的子群.

(iii) 域 F 的一般线性群 $GL_n(F)$ 中行列式为 1 的全体构成子群, 称为**特殊线性群**, 记为 $SL_n(F)$.

(iv) 设 $n \in \mathbb{Z}$, 所有 n 的整数倍记为 $n\mathbb{Z}$, 是整数加群 $\mathbb{Z}$ 的子群.

对于子群的定义, 实际上还可以简化如下.

命题 1.4.3 设 H 是 G 的非空子集, 则 H 是子群当且仅当对任意 $x, y \in H$ 有 $xy^{-1} \in H$.

证明 取 $x = y$, 则 $1 = xx^{-1} \in H$, 故 H 含有幺元. 对任意 $y \in H$, 取 $x = 1$, 则有 $y^{-1} \in H$, 因此 H 中每个元素都有逆元. 任意 $x, y \in H$, 因 $y^{-1} \in H$, 所以 $xy = x(y^{-1})^{-1} \in H$, 即 H 关于乘法封闭. 由于结合律自然满足, 综上 H 是子群. □

对于有限群，上述命题可以有不同的刻画，即只需满足乘法封闭性即可[注]。

命题 1.4.4 有限群 G 的非空子集 H 是子群当且仅当 H 满足乘法封闭性，即对任意 $x, y \in H$ 有 $xy \in H$.

证明 我们仅说明充分性. 任取 $x \in H$, 则依题意 $\forall n \in \mathbb{Z}_{>0}$ 有 $x^n \in H$. 当 $x \neq 1$ 时, 因为 G 有限, 故而有两个正整数 $m < n$ 使得 $x^m = x^n$, 从而 $1 = x^{n-m} \in H$, 同时 $x^{-1} = x^{n-m-1} \in H$. □

例 1.4.5 对称群 S_n 中的所有偶置换关于乘法封闭，从而构成 S_n 的子群，称为**交错群**，记为 A_n.

命题 1.4.6 设 $H_i, i \in I$ 是群 G 的一族子群，则 $\bigcap_{i \in I} H_i$ 也是 G 的子群.

证明 此命题容易验证，留作练习. □

设 $E \subset G$ 是任意子集，则包含 E 的最小子群称为由 E 生成的子群，记为 $\langle E \rangle$. 其中的元素是由 E 的元素出发，从乘法及取逆运算所能得到的所有元素. 换言之，

$$\langle E \rangle := \bigcap_{\substack{H \subset G: \text{子群} \\ H \supset E}} H.$$

特别地，对 E 是单点集的情形，我们有如下定义.

定义 1.4.7 设 G 是群，$a \in G$. 定义

$$\langle a \rangle := \{a^n : n \in \mathbb{Z}\};$$

$\langle a \rangle$ 称为 G 的由 a 生成的**循环子群**.

$\langle a \rangle$ 的阶 $|\langle a \rangle|$, 记为 $\mathrm{ord}(a)$, 称为元素 a 的**阶**. 若 $\mathrm{ord}(a) < \infty$, 则称 a 是有限阶元，而 $\mathrm{ord}(a)$ 是满足 $a^n = 1$ 的最小的正整数 n; 否则称 a 是无限阶元.

若 G 中存在元素 a 使得 $G = \langle a \rangle$, 则称 G 是**循环群**, 称 a 是 G 的**生成元**.

有时 $\mathrm{ord}(a)$ 也用 $|a|$ 表示. 循环群可以有不同的生成元，如下面命题所示.

定理 1.4.8 设 $G = \langle a \rangle$ 是 n 阶循环群，则对整数 k 有

$$|a^k| = \frac{n}{(k,n)},$$

其中 (k, n) 表示 k 与 n 的最大公因子. 从而 a^k 是 G 的生成元当且仅当 $(k, n) = 1$. 特别地，G 有 $\phi(n)$ 个生成元，这里 $\phi(n)$ 是欧拉函数，即与 n 互素且不超过 n 的正整数的个数.

[注] 这正是伽罗瓦研究对称群 S_n 的子群时所描述的. 凯莱于 1854 年首次定义了抽象群，即我们现在考虑的群的概念.

证明 对于正整数 n, 利用整数的带余除法知, 任意整数 l 可以唯一写成 $l = qn + r$, $0 \leqslant r < n$, 其中 $q, r \in \mathbb{Z}$. 因 $\mathrm{ord}(a) = n$, 从而 $a^l = a^r$. 进而, $a^l = 1_G \Leftrightarrow r = 0$, 即 $n \mid l$.

设 $|a^k| = l$. 由于 $(a^k)^{\frac{n}{(k,n)}} = (a^n)^{\frac{k}{(k,n)}} = 1$, 故有 $l \mid \frac{n}{(k,n)}$. 又因为 $(a^k)^l = 1_G$, 所以 $n \mid kl$, 从而 $\frac{n}{(k,n)} \mid \frac{k}{(k,n)} l$. 由于 $\frac{n}{(k,n)}$ 与 $\frac{k}{(k,n)}$ 互素, 故 $\frac{n}{(k,n)} \mid l$. 相互整除的两个正整数一定相等, 所以 $l = \frac{n}{(k,n)}$, 即 $|a^k| = \frac{n}{(k,n)}$.

a^k 是 G 的生成元等价于 $|a^k| = n$, 由前面结论知, 当且仅当 $(k, n) = 1$. □

命题 1.4.9 取群 G 中元素 a, b. 设其阶为 $|a| = m, |b| = n$, 其中 m, n 互素并且 $ab = ba$. 那么有 $|ab| = mn$.

证明 设 $|ab| = t$. 首先, 由 $|a| = m, |b| = n, ab = ba$ 可得 $(ab)^{mn} = 1$, 故 $t \mid mn$. 其次, 因为 $(ab)^t = 1$, 则有
$$1 = (ab)^{mt} = b^{mt}.$$
由于 $|b| = n$, 故 $n \mid mt$. 又因为 m, n 互素, 故 $n \mid t$.

同理可得 $m \mid t$. 再由 m, n 互素知 $mn \mid t$. 因此, $|ab| = mn$. □

注记 1.4.10 命题 1.4.9 中元素乘积交换是必要的. 若元素乘积不满足交换性, 则有限阶元的乘积有可能是无限阶元, 可参考练习 1.2 第 2 题.

命题 1.4.11 设 G 是交换群, 且 G 中的元素有最大阶 m. 那么对任意 $x \in G$ 都有 $x^m = 1_G$.

证明 设 G 中元素 a 的阶是 m. 任取 $b \in G$, 其阶为 n. 若 $n \nmid m$, 则必存在素数 p 满足:
$$m = p^k m_1, \quad p \nmid m_1,$$
$$n = p^t n_1, \quad t > k.$$
进而, 有 $|a^{p^k}| = m_1, |b^{n_1}| = p^t$. 由于 $(m_1, p^t) = 1$ 且 G 是交换群, 则由命题 1.4.9 知
$$|a^{p^k} b^{n_1}| = p^t m_1 > p^k m_1 = m.$$
这与 m 的极大性矛盾, 因此, $n \mid m$. 故对任意 $x \in G$ 都有 $x^m = 1_G$. □

下面列举一些由两个元生成的群的例子.

例 1.4.12 (i) 克莱因四元群 V 可以由 $(12)(34)$ 和 $(13)(24)$ 两个元生成.

(ii) 交错群 A_4 可以由 (123) 和 (124) 两个元生成.

(iii) 哈密顿 (Hamilton) 四元数群 $Q = \{\pm 1, \pm i, \pm j, \pm ij\}$, 其中 $i^2 = j^2 = -1, ij = -ji$ (参看例 2.1.15), 则 Q 由 i, j 生成.

(iv) **模群**$SL_2(\mathbb{Z})$，即行列式为 1 的整系数的二阶矩阵群，其由如下两个矩阵生成

$$\begin{pmatrix} 1 & 1 \\ 0 & 1 \end{pmatrix}, \quad \begin{pmatrix} 0 & -1 \\ 1 & 0 \end{pmatrix}.$$

关于模群 $SL_2(\mathbb{Z})$ 的生成元，代数的证法可参考文献 [20] 中的定理 9.18，分析的证法参看文献 [16] 中的定理 1.4.10.

例 1.4.13 平面上正 n 边形的对称群 (见定义 1.10.2) 称为**二面体群**，记为 D_{2n}. 因其对称保持正多边形的中心不动 (取为坐标原点)，故必是正交变换. 据定理 1.10.9，其对称变换只能是旋转和反射两类. 图示如下 ([15, 例 4.3.5]):

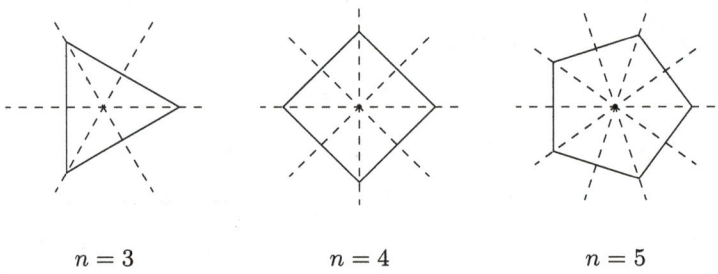

D_{2n} 中有 $2n$ 个元素，包括保持正 n 边形的 n 个旋转，剩下 n 个元素是对图中各虚线的反射.

例 1.4.13 从几何的角度说明二面体群的含义. 通过简单例子可以验证，在二面体群中取一个反射 r 与一个旋转 R_θ，则合成 $rR_\theta r$ 还是一个旋转，并且是 R_θ^{-1}；也就是满足 $rR_\theta = R_\theta^{-1} r$，我们以图 1.3 正方形为例说明这一关系.

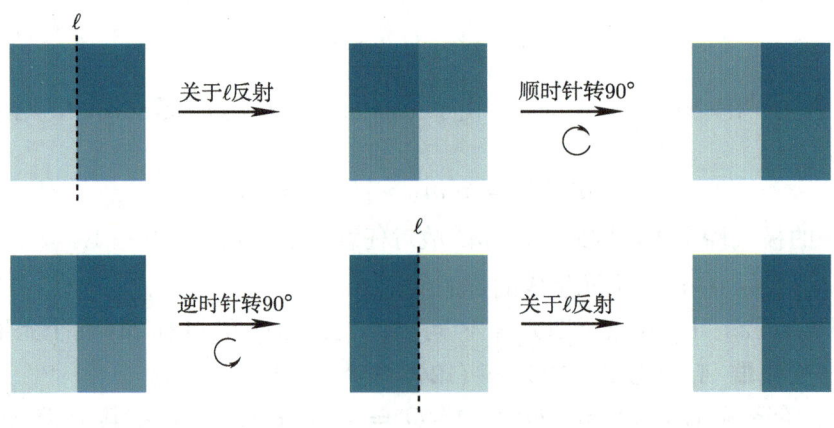

图 1.3　二面体群 D_4(见文前彩插)

定义 1.4.14　群 D_{2n} 称为**二面体群**, 如果它由一个 n 阶元 a 和一个 2 阶元 b 生成, 其中 a,b 满足 $bab = a^{-1}$.

命题 1.4.15　二面体群 D_{2n} 含有 $2n$ 个元素, 其中 $n \geqslant 3$. 取它的一个 n 阶元 a 和一个 2 阶元 b, 并且满足 $bab = a^{-1}$, 那么 D_{2n} 可写成
$$D_{2n} = \{1, a, \cdots, a^{n-1}, b, ab, \cdots, a^{n-1}b\}.$$

证明　首先 $1, a, \cdots, a^{n-1}$ 是不同元素, 其次由群的消去律知 $b, ab, \cdots, a^{n-1}b$ 也是不同元素. 若有 $a^i = a^j b$(这里 $0 \leqslant i, j \leqslant n-1$), 则 $a^{i-j} = b$. 显然 $i \neq j$, 不妨设 $j < i$. 因 b 阶数是 2, 故 $i - j = \dfrac{n}{2}$. 若 n 是奇数, 这是不可能的. 若 n 是偶数, 则由 $bab = a^{-1}$ 得 $a = a^{-1}$, 此时 $n = 2$. 综上知 $\{1, a, \cdots, a^{n-1}, b, ab, \cdots, a^{n-1}b\}$ 是 $2n$ 个不同元素. 同样由 $bab = a^{-1}$ 可得 $ab = ba^{-1}$ 以及 $ba = a^{-1}b$. 由此归纳可知, D_{2n} 任一元素均含在集合 $\{1, a, \cdots, a^{n-1}, b, ab, \cdots, a^{n-1}b\}$ 中, 故 $D_{2n} = \{1, a, \cdots, a^{n-1}, b, ab, \cdots, a^{n-1}b\}$. □

设 A, B 是群 G 的子集, 定义
$$AB := \{ab : a \in A, b \in B\} \subset G,$$
当 A 或 B 是单点集 $\{x\}$ 时, AB 也记作 xB 或 Ax. 由于 G 中结合律成立, 我们可以无歧义地定义 $ABC, ABCD, \cdots$.

定义 1.4.16　设 H 为群 G 的子群. 定义

(i) **左陪集**: G 中形如 xH 的子集;

(ii) **右陪集**: G 中形如 Hx 的子集.

陪集中的元素称为该陪集的一个代表元. 全体关于 H 的左陪集构成的集合称为**左陪集空间**, 记作 G/H; 同理, 关于 H 的右陪集构成的集合称为**右陪集空间**, 记作 $H \backslash G$.

对于群 G 的子群 H, 我们可以通过它来给出 G 的一个等价关系 "$\sim$":
$$\text{对任意 } x, y \in G, \text{ 若 } x^{-1}y \in H, \text{ 则称 } x \sim y.$$

反身性是显然的. 若 $x \sim y$, 即 $x^{-1}y \in H$, 则 $y^{-1}x = (x^{-1}y)^{-1} \in H$, 也就是 $y \sim x$, 所以对称性成立. 若 $x \sim y, y \sim z$, 则 $x^{-1}z = x^{-1}y \cdot y^{-1}z \in H$, 故 $x \sim z$, 传递性也成立.

对于 $a \in G$, 按如上定义的等价关系, 则 a 的等价类 $[a]$ 实际上就是左陪集 aH. 若 $x \sim a$, 则有 $x = a(a^{-1}x) \in aH$, 故 $[a] \subseteq aH$; 反之, 取 $ax \in aH$, 则 $a^{-1} \cdot ax = x \in H$, 即 $a \sim ax$, 所以 $ax \in [a]$. 综上知 $[a] = aH$.

对于群 G 的子群 H，若关系 "$\sim$" 按如下方式定义：

对任意 $x, y \in G$，若 $xy^{-1} \in H$，则称 $x \sim y$.

类似地，"$\sim$" 也是 G 上的等价关系. 对任意 $a \in G$，其等价类 $[a]$ 即右陪集 Ha.

引理 1.4.17 设 H 是群 G 的子群，$a, b \in G$. 则

(i) $aH = bH$ 当且仅当 $a^{-1}b \in H$. 特别地，$aH = H$ 当且仅当 $a \in H$.

(ii) 如果 $aH \cap bH \neq \varnothing$，那么 $aH = bH$.

(iii) 陪集 aH, Hb 与 H 的基数相同. 左右陪集的集合之间有双射

$$\varphi : G/H \to H\backslash G, \quad xH \mapsto Hx^{-1}.$$

证明 (i)(ii) 条已由前面子群给出的等价关系说明. (iii) 对于陪集 aH，定义映射 $f_a : H \to aH, \quad x \mapsto ax$. 易知 f_a 是双射，所以每个 H 的左陪集与 H 基数相同. 对右陪集可类似说明.

若 $\varphi(xH) = \varphi(yH)$，即 $Hx^{-1} = Hy^{-1}$，那么 $x^{-1}y \in H$，从而 $xH = yH$，故 φ 是单射. 又 φ 显然是满射，从而 φ 是双射. □

定义 1.4.18 设 H 是群 G 的子群. 定义 H 在 G 中的**指数**为 H 的左陪集空间 G/H 的基数 $|G/H|$，记为 $[G:H]$.

指数 $[G:H]$ 可以是无限的. 据引理 1.4.17，用右陪集定义指数也是一样的. 实际上，有下面的拉格朗日定理.

定理 1.4.19 设 H 是群 G 的子群，则

$$|G| = [G:H]|H|.$$

当 $|G|$ 有限时，$|H|$ 必整除 $|G|$.

证明 考虑 G 的左陪集给出的划分 $G = \bigcup_{x \in G} xH$，即 G 被划分成互不相交的左陪集的并，由引理 1.4.17 即得该定理. □

推论 1.4.20 有限群 G 中每个元素 a 的阶 $\operatorname{ord}(a)$ 必整除群的阶 $|G|$. 特别地，$a^{|G|} = 1$.

证明 因 $\operatorname{ord}(a) = |\langle a \rangle|$，结合定理 1.4.19 即得. □

习题 1.4

1. 令 y 是群 G 的 m 阶元. 设 $m = pt$, 证明: y^t 的阶是 p.
2. 设群 G 的阶是偶数. 证明: 群 G 中二阶元的个数是奇数. 由此说明 G 必有二阶元, 对照一般情形的柯西定理 1.7.10. 〔提示〕 先考察非二阶元的个数.
3. 设 S_3 是三元对称群. 令 $H = \{(1), (12)\}$, $K = \{(1), (13)\}$.
   (a) 计算 HK.
   (b) 判断 HK 是否是 S_3 的子群.
4. 设 G 是有限群, H, K 是 G 的子群. 若 $H \leqslant K$, 证明: $[G : H] = [G : K][K : H]$.
5. 证明: 循环群的子群是循环群.
6. 设群 G 的阶是 4. 证明 G 是循环群或者 G 中任一元素 x 皆有 $x^2 = 1$.
7. 设 H, K 是有限群 G 的子群. 证明: $|H| \cdot |K| = |HK| \cdot |H \cap K|$. 〔提示〕 HK 显然是陪集 Hk ($k \in K$) 的并, 而 K 是陪集 $(H \cap K)k$ ($k \in K$) 的并. 对 $k, k' \in K$ 有 $Hk = Hk' \Leftrightarrow k'k^{-1} \in H \Leftrightarrow k'k^{-1} \in H \cap K \Leftrightarrow (H \cap K)k = (H \cap K)k'$, 上述说明陪集的个数一样多, 即 $|HK|/|H| = |K|/|H \cap K|$. 另外证法见 [8, 命题 2.118].
8. 设 G 是 pq 阶群, 其中 p, q 是素数, 且 $p < q$. 证明: G 至多有一个 q 阶子群.
9. 证明: n 元置换的阶是其分解中各循环长度的最小公倍数.
10. 请利用置换的方法对二阶魔方计算 RU 的阶数. 〔提示〕 二阶魔方的 24 个面可对应到 24 个数, 在取定对应之后, 例如可设 $R = (2, 19, 22, 10)(4, 17, 24, 12)(13, 14, 16, 15)$, $U = (10, 6, 18, 14)(9, 5, 17, 13)(1, 2, 4, 3)$, 据此计算 RU 的阶数.

1.5 同态

群是带有一个二元运算的结构. 为了比较不同的群, 我们考虑群之间的映射, 必须是保持运算的映射, 即所谓同态.

定义 1.5.1 设 $(G, *)$ 和 $(H, \cdot)$ 是群, $f : G \to H$ 是一映射. 若对任意 $x, y \in G$, 满足
$$f(x * y) = f(x) \cdot f(y),$$
则称 f 是**同态**. 若 f 是双射, 则称 f 是**同构**, 记成 $G \simeq H$ (或 $G \xrightarrow{\sim} H$). 若 f 是单 (满) 射, 则称 f 是单 (满) 同态. 若 $H = G$, 则 f 称为自同态 (自同构).

在无歧义的情形下, 我们常常省去群中的运算, 记为 $f(xy) = f(x)f(y)$. 容易说明, 若 $f : G \to H$ 是同构, 则 $f^{-1} : H \to G$ 也是同构. 同构的群本质上是一样的. 在同构下保持不变的性质是群的不变量, 例如群的阶数, 元素的阶数, 交换性等, 我们可以据此来判定两个群不同构.

例 1.5.2 (i) 域 F 上的一般线性群 $GL_n(F)$ 取行列式的映射, $\det : GL_n(F) \to F^\times$, $(a_{ij}) \mapsto \det(a_{ij})$.

(ii) 置换的符号同态 $\text{sgn} : S_n \to \{\pm 1\}$, $\sigma \mapsto \text{sgn}(\sigma)$.

(iii) 指数映射 $\exp : \mathbb{R} \to \mathbb{R}^\times$, $x \mapsto \exp(x)$; 其中 $\mathbb{R} = (\mathbb{R}, +)$.

(iv) 指数特征映射 $\chi : \mathbb{R} \to S^1$, $x \mapsto \chi(x) = \exp(2\pi i x)$.

(v) 模长映射 $|\ | : \mathbb{C}^\times \to \mathbb{R}^\times$.

如下两个同态常被提及. **平凡同态** $\varphi : G \to H$, $x \mapsto 1$. 设 H 是 G 的子群, 则有**包含映射** $i : H \to G$, $x \mapsto x$. 下面我们看一下群同态的基本性质.

命题 1.5.3 设 $f : G \to H$ 是群同态.

(i) 取 $a_1, \cdots, a_n \in G$, 则有 $f(a_1 \cdots a_n) = f(a_1) \cdots f(a_n)$.

(ii) $f(1_G) = 1_H$.

(iii) $f(x^{-1}) = f(x)^{-1}$.

证明 (i) 是明显的. (ii) 由 $f(1_G)f(1_G) = f(1_G)$ 得 $f(1_G) = 1_H$. (iii) 由 $f(x)f(x^{-1}) = f(xx^{-1}) = 1_H$ 即得 $f(x^{-1}) = f(x)^{-1}$. □

定义 1.5.4 设 $f : G \to H$ 是群同态. 它的**像**记作 $\mathrm{im}(f) := \{f(x) : x \in G\}$. 其**核**定义为
$$\ker(f) = \{x \in G : f(x) = 1_H\}.$$

用映射的逆像表示的话, 则 $\ker(f) = f^{-1}(1_H)$.

例 1.5.5 (i) 同态 $f : \mathbb{Z} \to \mu_n$, $k \mapsto \zeta^k$, 其中 $\zeta = e^{\frac{2\pi i}{n}}$. f 是满同态, $\ker(f) = n\mathbb{Z}$.

(ii) $\mathrm{sgn} : S_n \to \{\pm 1\}$ 是满同态, $\ker(\mathrm{sgn}) = A_n$.

(iii) $\det : GL_n(F) \to F^\times$ 是满同态, $\ker(\det) = SL_n(F)$.

命题 1.5.6 设 $f : G \to H$ 是群同态.

(i) $\ker(f) \leqslant G$, $\mathrm{im}(f) \leqslant H$.

(ii) 对任意 $g \in G, x \in \ker(f)$, 都有 $gxg^{-1} \in \ker(f)$.

(iii) f 是单射等价于 $\ker(f) = \{1_G\}$.

证明 (i) 任取 $x, y \in \ker(f)$, 则 $f(xy^{-1}) = f(x)f(y^{-1}) = f(y)^{-1} = 1_H$, 所以 $xy^{-1} \in \ker(f)$, 故 $\ker(f) \leqslant G$. 任取 $u = f(x), v = f(y) \in \mathrm{im}(f)$, 则 $uv^{-1} = f(x)f(y)^{-1} = f(xy^{-1}) \in \mathrm{im}(f)$, 因此 $\mathrm{im}(f) \leqslant H$.

(ii) 对任意 $g \in G, x \in \ker(f)$, 有 $f(gxg^{-1}) = f(g)f(x)f(g^{-1}) = f(g)f(g^{-1}) = 1_H$, 所以 $gxg^{-1} \in \ker(f)$.

(iii) 因 $1_G \in \ker(f)$, 所以如果 f 是单射必有 $\ker(f) = \{1_G\}$. 反之, 假设 $f(x) = f(y)$, 那么 $1_H = f(x)f(y)^{-1} = f(xy^{-1})$, 从而 $xy^{-1} \in \ker(f)$. 因 $\ker(f) = \{1_G\}$, 所以 $xy^{-1} = 1_G$, 即 $x = y$, 这说明 f 是单射. □

定义 1.5.7 设 N 是 G 的子群. 若对任意 $x \in N, g \in G$ 都有 $gxg^{-1} \in N$, 则称 N 是 G 的**正规子群**[○], 记为 $N \triangleleft G$.

注记 1.5.8 (i) 正规子群 N 的等价定义是 $\forall g \in G$, 都有 $gN = Ng$, 即左右陪集相等.

(ii) 对 $a \in G$, 形如 gag^{-1} 的元称为 a 的**共轭元**, 其中 $g \in G$. 此时 a 也是 gag^{-1} 的共轭元, 因为 $a = g^{-1}(gag^{-1})g$.

(iii) 显然 $\{1\}$, G 是 G 的正规子群.

定义 1.5.9 若群 G 无 $\{1\}$, G 以外的正规子群, 则 G 称为**单群**.

素数阶群, 交错群 A_n $(n \geqslant 5)$ 是单群. 其中 A_n $(n \geqslant 5)$ 的单群性质恰是导致五次及以上多项式方程没有根式解的群论原因. 有限单群的分类是一个庞大的工程, 历时百余年完成. 大致分为四类 (详见文献 [12]1.2 节), 除前面提到的两类外, 另外两类是李型单群与 26 个散在单群. 散在单群阶数最大的称为魔群 (Monster). 魔群的表示空间的维数居然和模函数 j(参见文献 [16] 中的定义 2.4.11) 的傅里叶展开式的系数有着神奇的联系, 称为 "月光 (moonshine) 猜想". 这是群论学家麦凯 (J. Mckay) 1978 年浏览一篇数论文章时无意中发现的, 并由博切尔兹 (R. E. Borcherds, 1959–) 于 1992 年给出证明.

定理 1.5.10 设 G 是群. G 到自身的所有同构的集合记为 $\mathrm{Aut}(G)$, 其关于映射的合成构成群, 称为 G 的**自同构群**.

证明 G 到自身的恒等映射 $\mathrm{id}_G \in \mathrm{Aut}(G)$. 对任意 $\alpha, \beta \in \mathrm{Aut}(G)$, $\alpha^{-1} \in \mathrm{Aut}(G)$, 并且 $\alpha \circ \beta \in \mathrm{Aut}(G)$. 映射合成满足结合律, 综上 $\mathrm{Aut}(G)$ 是关于映射的合成构成群. □

有一类群自同构格外常见, 称为**内自同构**或**伴随同构**: 设 G 为群, 对于 $x \in G$, 定义自同构

$$\mathrm{Ad}_x : G \longrightarrow G$$
$$g \longmapsto xgx^{-1}.$$

[○] 伽罗瓦于 1831 年引入正规子群的概念用以解决多项式方程的根式解问题. 伽罗瓦注意到置换群 G 的子群存在两种分解, 即我们所谓的左陪集分解和右陪集分解. 如果这两种分解吻合, 也就是左右陪集分解完全相同, 伽罗瓦称这样分解为 proper 的. 给出 proper 分解的子群正是我们所谓的正规子群. 伽罗瓦论述到, 如果方程的根的置换群有一个 proper 分解, 则当子群 H 对应的方程与陪集 (即商群) 对应的方程可根式解时, 原方程必定可解. 若尔当 (C. Jordan, 1838—1922) 在他 1865 及 1869 年关于伽罗瓦工作的注释中, 详细地解释了这些思想. 他定义了正规子群的概念, 同时第一次给出单群的定义.

容易验证 $\mathrm{Ad}_1 = \mathrm{id}_G$ 而且 $\mathrm{Ad}_{xy} = \mathrm{Ad}_x \circ \mathrm{Ad}_y$, 因此我们进一步导出群同态

$$\mathrm{Ad} : G \longrightarrow \mathrm{Aut}(G) \tag{1.5.1}$$

$$x \longmapsto \mathrm{Ad}_x.$$

命题 1.5.11 设 G 是群, G 的所有内自同构关于映射的合成构成群, 记为 $\mathrm{Inn}(G)$. 它是 $\mathrm{Aut}(G)$ 子群, 称为 G 的**内自同构群**.

证明 事实上, $\mathrm{Inn}(G)$ 是 (1.5.1) 中同态 Ad 的像. □

定义 1.5.12（中心） 设 G 为群. G 的**中心**定义为 $Z_G := \{z \in G : \forall x \in G, xz = zx\}$.

命题 1.5.13 Z_G 是 G 的正规子群. 事实上, Z_G 是同态 $\mathrm{Ad} : G \to \mathrm{Aut}(G)$ 的核.

证明 可以直接验证 Z_G 是 G 的正规子群, 或者由 $Z_G = \ker(\mathrm{Ad})$ 得出. 后者相等是因为 $x \in \ker(\mathrm{Ad}) \iff \mathrm{Ad}_x = \mathrm{id}_G \iff \forall g \in G$ 都有 $xgx^{-1} = g$, 即 $xg = gx$, 也就是 $x \in Z_G$. 这说明 $Z_G = \ker(\mathrm{Ad})$. □

命题 1.5.14 (i) 设 H, K 是 G 的子群. 若其中之一是正规子群, 则 HK 是 G 的子群.

(ii) 若 H, K 是均 G 的正规子群, 则 HK 亦然.

证明 (i) 不妨设 K 是 G 的正规子群. 任取 $h_1k_1, h_2k_2 \in HK$, 那么 $h_1k_1(h_2k_2)^{-1} = h_1k_1k_2^{-1}h_2^{-1} = h_1h_2^{-1} \cdot h_2k_1k_2^{-1}h_2^{-1}$. 因 K 是 G 的正规子群, 所以 $h_2k_1k_2^{-1}h_2^{-1} \in K$, 进而 $h_1k_1(h_2k_2)^{-1} \in HK$, 这说明 HK 是 G 的子群. 假设 H 是正规子群可类似证明.

(ii) 由 (i) 知 HK 是 G 的子群. 任取 $g \in G, hk \in HK$, 那么由 H, K 均是 G 的正规子群, 故而 $ghkg^{-1} = ghg^{-1} \cdot gkg^{-1} \in HK$, 因此 HK 是 G 的正规子群. □

习题 1.5

1. 取群 G 中 a, b, 问 ab 与 ba 是否互为共轭元?
2. 证明: 交换单群是素数阶群.
3. 设 H 是群 G 的子群. 证明: H 是正规子群等价于对任意 $b \in G$ 均有 $bH = Hb$.
4. 设 H 是群 G 的子群, 并且 $[G : H] = 2$. 证明: H 是 G 的正规子群.
5. 设 $n \geqslant 3$, 若 $\alpha \in S_n$ 与每个 $\beta \in S_n$ 交换, 证明 $\alpha = (1)$. 提示 假设 $\alpha \neq 1$, 则存在 $a \neq b$ 使得 $\alpha(a) = b$. 因 $n \geqslant 3$, 故可取 c 不同于 a, b. 考虑 α 与 (bc) 的交换性.

6. 证明: 特殊正交群 $SO_2(\mathbb{R}) = \{A \in GL_2(\mathbb{R}) : AA^T = I, \det(A) = 1\}$ 与单位圆群 S^1 同构. ⟨提示⟩ 群 $SO_2(\mathbb{R})$ 即为绕原点的旋转群, 先找出其中矩阵的形式, 可参考例 1.10.7(i), 然后建立到单位圆周群的映射.

7. 令 $\zeta = e^{2\pi i/n}$ 是 n 次单位根. 记复系数二阶矩阵 $A = \begin{pmatrix} \zeta & 0 \\ 0 & \zeta^{-1} \end{pmatrix}$, $B = \begin{pmatrix} 0 & 1 \\ 1 & 0 \end{pmatrix}$.

   (a) 计算 A, B 的阶.
   (b) 证明: $BAB = A^{-1}$.
   (c) 证明: 所有形如 $A^i, BA^i, 0 \leqslant i < n$ 的矩阵构成 $GL_2(\mathbb{C})$ 的子群 G.
   (d) 证明: G 中每个矩阵有唯一的表示形式 $B^i A^j, i = 0, 1; 0 \leqslant j < n$. 由此得出 $|G| = 2n$.
   (e) 证明: G 同构于二面体群 D_{2n}.

8. 正三角形的二面体群 D_6 中, 以 $F \in D_6$ 为其一反射, $R \in D_6$ 为逆时针旋转 $120°$. 问 $RFRFR$ 是旋转还是反射?

9. 以 $1, 2, 3, 4$ 逆时针依次标记正方形的四个顶点. 请以顶点的置换写出正方形的二面体群.

10. 以 $\mathbf{Q}$ 记四元数群 (见例 1.4.12(iii)), G 表示 Rubik 三阶魔方群. 记 $Q^* = \langle a, b \rangle \subseteq G$, 其中 a, b 分别表示魔方的以下转动

$$a = F^2 \cdot M_R \cdot U^{-1} \cdot M_R^{-1} \cdot U^{-1} \cdot M_R \cdot U \cdot M_R^{-1} \cdot U \cdot F^2,$$

$$b = F \cdot U^2 \cdot F^{-1} \cdot U^{-1} \cdot L^{-1} \cdot B^{-1} \cdot U^2 \cdot B \cdot U \cdot L,$$

这里转动记号称为 Singmaster 记号, 含义如下: 手持魔方, U, D, L, R, F, B 分别代表魔方的 "上、下、左、右、前、后" 面, 转动方向均为顺时针转 $90°$, M_R 表示从右侧看将中间层顺时针转 $90°$. 定义映射 $\phi : Q^* \to \mathbf{Q}$, $a \mapsto i$, $b \mapsto j$; 则 ϕ 是同构. ⟨提示⟩ 见文献 [4] 中的例 9.3.5, 用魔方验证 $a^4 = 1, a^2 = b^2, aba = b$. 此处, a 也可以写作

$$a = F^2 \cdot (R^{-1}L) \cdot F^{-1} \cdot (L^{-1}R) \cdot U^{-1} \cdot (R^{-1}L) \cdot F \cdot (L^{-1}R) \cdot U \cdot F^2.$$

1.6 商群

设 G 是群, N 是其子群, 我们关心陪集空间 G/N 是否有典范的乘法. G/N 中的元素是陪集 xN 或者说等价类 $[x]$, 我们自然想到的运算是由 G 诱导的运算, 即

$$xN \cdot yN = xyN.$$

这里运算实际上是通过陪集的代表元操作的, 那问题是当 $xN = x'N, yN = y'N$ 时是否有 $xyN = x'y'N$? 一般未必成立. 例如取 S_3 的子群 $H = \{(1), (12)\}$, 则 $(12)H = (1)H, (13)H = \{(13), (123)\}$. 那么对于同一陪集的不同的代表元, 按照前面的乘法我们有

$$(12)H \cdot (13)H = (132)H = \{(132), (23)\},$$

$$(1)H \cdot (13)H = (13)H = \{(13), (123)\},$$

$$(132)H \neq (13)H.$$

上式说明我们不能对陪集空间 S_3/H 采用所谓的自然的运算.

那么什么时候陪集空间上的自然运算合理呢? 其实成立的条件恰好是 N 是正规子群, 说明如下: 若 N 是正规子群, 以及 $x^{-1}x', y^{-1}y' \in N$ 可知有 $(xy)^{-1}x'y' = y^{-1}x^{-1}x'y' = y^{-1}x^{-1}x'y \cdot y^{-1}y' \in N$, 即 $x'y'N = xyN$; 反之, 由 $x^{-1}x', y^{-1}y'$, $(xy)^{-1}x'y' \in N$ 可知 $y^{-1}(x^{-1}x')y = (xy)^{-1}x'y' \cdot (y^{-1}y')^{-1} \in N$, 此即 N 是正规子群的定义.

更直接的看法是当 N 是正规子群时, 陪集的乘法可以通过元素相乘来考虑, 即

$$xN \cdot yN = x(Ny)N = x(yN)N = xyN.$$

定义 1.6.1（商群） 设 G 为群, N 为其正规子群. 在陪集空间 G/N 上定义二元运算

$$xN \cdot yN = xyN, \quad x, y \in G.$$

这使得 G/N 构成一个群, 称为 G 模 N 的**商群**, 其中的幺元是 N, 而逆由 $(xN)^{-1} = x^{-1}N$ 给出. 群同态

$$\pi : G \longrightarrow G/N$$

$$x \longmapsto xN,$$

称为商同态.

定理 1.6.2（同态基本定理） 设 $\varphi : G_1 \to G_2$ 是群同态, 则 φ 诱导出同构

$$\bar{\varphi} : G_1/\ker(\varphi) \xrightarrow{\sim} \mathrm{im}(\varphi),$$

它映陪集 $g \cdot \ker(\varphi)$ 为 $\varphi(g)$.

证明 首先说明映射 $\bar{\varphi}$ 是合理的, 即 $\bar{\varphi}$ 是单值映射. 设 $g \cdot \ker(\varphi) = f \cdot \ker(\varphi)$, 则有 $g^{-1}f \in \ker(\varphi)$, 从而 $\varphi(g^{-1}f) = 1$, 即 $\varphi(g) = \varphi(f)$. 这说明 $\bar{\varphi}(g \cdot \ker(\varphi)) = \bar{\varphi}(f \cdot \ker(\varphi))$.

其次, 证明 $\bar{\varphi}$ 是同态. 记 $\bar{g} = g \ker(\varphi)$. 易知有

$$\bar{\varphi}(\bar{g} \cdot \bar{f}) = \bar{\varphi}(\overline{gf}) = \varphi(gf) = \varphi(g)\varphi(f) = \bar{\varphi}(\bar{g})\bar{\varphi}(\bar{f}),$$

这表明 $\bar{\varphi}$ 是同态.

最后，显然 $\bar{\varphi}$ 是满射. 若 $\bar{\varphi}(g\ker(\varphi)) = \bar{\varphi}(f\ker(\varphi))$，即 $\varphi(g) = \varphi(f)$，从而 $\varphi(g^{-1}f) = 1$. 这说明 $g^{-1}f \in \ker(\varphi)$，从而有 $g\ker(\varphi) = f\ker(\varphi)$. 以上说明 $\bar{\varphi}$ 是单射.

综上 $\bar{\varphi}$ 是同构. □

命题 1.6.3（对应定理） 设 $\varphi : G_1 \to G_2$ 是群之间的满同态. 则有双射

$$\{\text{子群} H_1 \subset G_1 : H_1 \supset \ker(\varphi)\} \xleftrightarrow{1:1} \{\text{子群} H_2 \subset G_2\}$$
$$\cup \qquad\qquad\qquad\qquad\qquad \cup$$
$$\{\text{正规子群} H_1 \triangleleft G_1 : H_1 \supset \ker(\varphi)\} \xleftrightarrow{1:1} \{\text{正规子群} H_2 \triangleleft G_2\}$$

$$H_1 \longmapsto \varphi(H_1)$$

$$\varphi^{-1}(H_2) \longleftarrow\!\shortmid H_2.$$

此双射满足 $H_2 \subset H_2' \iff \varphi^{-1}(H_2) \subset \varphi^{-1}(H_2')$. 而且合成同态 $G_1 \xrightarrow{\varphi} G_2 \twoheadrightarrow G_2/H_2$ 诱导出同构 $G_1/\varphi^{-1}(H_2) \xrightarrow{\sim} G_2/H_2$，这里假设 $H_2 \triangleleft G_2$.

证明 首先，子群在同态下的逆像也是子群. 其次，我们有 $H_1 \subseteq \varphi^{-1}(\varphi(H_1))$，$H_2 \supseteq \varphi(\varphi^{-1}(H_2))$. 一方面，子群 $H_1 \supseteq \ker(\varphi)$ 蕴涵 $H_1 \supseteq \varphi^{-1}(\varphi(H_1))$. 这是因为对任意 $x \in \varphi^{-1}(\varphi(H_1))$，可得 $\varphi(x) \in \varphi(H_1)$，即存在 $h_1 \in H_1$ 使得 $\varphi(x) = \varphi(h_1)$. 从而，$h_1^{-1}x \in \ker(\varphi)$，由此得出 $x = h_1 \cdot h_1^{-1}x \in H_1$. 另一方面，$\varphi$ 满蕴涵 $H_2 \subseteq \varphi(\varphi^{-1}(H_2))$. 事实上，对任意 $h_2 \in H_2$，因为 φ 满，故存在 $h_1 \in \varphi^{-1}(H_2) \neq \emptyset$ 使得 $h_2 = \varphi(h_1) \in \varphi(\varphi^{-1}(H_2))$. 综上，$H_1 = \varphi^{-1}(\varphi(H_1))$，$H_2 = \varphi(\varphi^{-1}(H_2))$，由此得到互逆的双射.

显然 φ, φ^{-1} 都保持包含关系.

将前述一一对应限制到正规子群的集合上便得到其上的一一对应，但我们需要验证此限制映射是合理的. 设 $\ker(\varphi) \subseteq H_1 \triangleleft G_1$，因为 φ 是满同态，故由正规子群的定义易得 $\varphi(H_1) \triangleleft G_2$. 反之，设 $H_2 \triangleleft G_2$，则 $\ker(\varphi) = \varphi^{-1}(1_{G_2}) \subseteq \varphi^{-1}(H_2)$. 对任意 $g_1 \in G_1, h_1 \in \varphi^{-1}(H_2)$，因 $H_2 \triangleleft G_2$，我们有 $\varphi(g_1h_1g_1^{-1}) = \varphi(g_1)\varphi(h_1)\varphi(g_1)^{-1} \in H_2$，故 $g_1h_1g_1^{-1} \in \varphi^{-1}(H_2)$，即 $\varphi^{-1}(H_2) \triangleleft G_1$.

最后，合成同态 $G_1 \xrightarrow{\varphi} G_2 \xrightarrow{\pi} G_2/H_2$ 是满同态，其中 π 是商同态. 此合成同态的核是

$$\ker(\pi\varphi) = \{x \in G_1 : \pi\varphi(x) = \varphi(x)H_2 = H_2\}$$
$$= \{x \in G_1 : \varphi(x) \in H_2\}$$

$$= \varphi^{-1}(H_2).$$

由定理 1.6.2 便得同构 $G_1/\varphi^{-1}(H_2) \xrightarrow{\sim} G_2/H_2$. □

注记 1.6.4 当 φ 是商同态 $G \twoheadrightarrow G/N$ 时, 命题 1.6.3 的同构可写

$$G/H \xrightarrow{\sim} (G/N)/(H/N),$$

其中 $N \subset H$, 且 $N, H \triangleleft G$.

命题 1.6.5 设 H, N 是 G 的子群而 $N \triangleleft G$, 则 $N \cap H \triangleleft H$, 而且合成同态 $H \hookrightarrow HN \twoheadrightarrow HN/N$ 诱导出同构

$$\theta: H/N \cap H \to HN/N.$$

证明 从 $N \triangleleft G$ 立得 $N \cap H \triangleleft H$. 将商同态 $\pi: HN \to HN/N$ 限制到 H 上, 显然其像为 $\pi(H) = \pi(HN) = HN/N$, 核为 $H \cap \ker(\pi) = N \cap H$. 所以定理 1.6.2 给出同构 $H/N \cap H \xrightarrow{\sim} HN/N$, 这正是断言中的 θ. □

例 1.6.6（循环群的结构） 考虑群 $\mathbb{Z}$, 二元运算取为整数加法. 对于 $n \in \mathbb{Z}$, 商群 $\mathbb{Z}/n\mathbb{Z}$ 是循环群, 生成元可取为陪集 $1 + n\mathbb{Z}$. 由上述结果导出:

(i) 任何循环群都同构于某个 $\mathbb{Z}/n\mathbb{Z}$: 若 $G = \langle x \rangle$, 则有满同态 $\mathbb{Z} \to \langle x \rangle$ 映 1 为 x, 其核必为 $n\mathbb{Z}$ 的形式; 这里当 G 是有限群时, n 是核里最小的正整数, 当 G 是无限群时, $n = 0$. 应用定理 1.6.2 可得 $\langle x \rangle \simeq \mathbb{Z}/n\mathbb{Z}$; 进一步, 若 $\mathrm{ord}(x)$ 有限则等于 $|n|$.

(ii) 群 $\mathbb{Z}/n\mathbb{Z}$ 的子群都形如 $m\mathbb{Z}/n\mathbb{Z}$, 其中 $m \mid n$: 这是命题 1.6.3 施于 $\mathbb{Z} \to \mathbb{Z}/n\mathbb{Z}$ 的结果, 因为 $m\mathbb{Z} \supset n\mathbb{Z}$ 当且仅当 $m \mid n$.

(iii) 设 $m \mid n$. 映射 $\mathbb{Z} \to m\mathbb{Z}$, $x \mapsto mx$ 显然诱导群同构 $\mathbb{Z}/\frac{n}{m}\mathbb{Z} \xrightarrow{\sim} m\mathbb{Z}/n\mathbb{Z}$, 故 $m\mathbb{Z}/n\mathbb{Z}$ 是 $\frac{n}{m}$ 阶循环群.

命题 1.6.7 设 G 是有限交换群. 对每个 $|G|$ 的因子 d, G 必含有 d 阶子群. 特别地, 对于整除 $|G|$ 的素数 p, G 必含有 p 阶元.

证明 我们先证明若素数 p 整除 $|G| = n$, 则 G 含有 p 阶元. 若 $n = 1$, 显然成立. 假设对 $|G| \leq n-1$ 断言成立. 取 $a \in G$, 设 $\mathrm{ord}(a) = k > 1$. 如果 $p \mid k$, 则 $a^{k/p}$ 的阶是 p. 如果 $p \nmid k$, 考虑循环子群 $H = \langle a \rangle$. 因为 G 是交换群, 所以 $H \triangleleft G$, 从而商群 G/H 的阶是 n/k, 则 $p \mid \frac{n}{k}$. 因为 $p \mid |G/H|$, 由假设知 G/H 中含有 p 阶元, 不妨取一个设 bH. 设 b 的阶是 m, 则 $(bH)^m = b^m H = H$, 从而 $p \mid m$, 此时 $b^{m/p}$ 是 p 阶元. 综上, 对于整除 $|G|$ 的素数 p, 则 G 含有 p 阶元.

对一般的情形, 我们对 d 归纳证明. 若 $d=1$, 命题显然成立. 假设 $d>1$, 此时不妨设 d 有一个素因子 p. 由第一段证明知 G 有一个 p 阶子群, 设为 H. 因为 G 是交换群, 所以 $H \triangleleft G$. 进而, 商群 G/H 的阶是 $|G|/p$, 并且 d/p 整除 $|G|/p$. 由归纳假设, G/H 存在一个子群 S^*, 阶是 d/p. 由对应定理知, G 中存在包含 H 的子群 S 与 S^* 对应. 也就是在商同态 $\pi: G \to G/H$ 下, $\pi(S) = S/H = S^*$. 从而有 $|S| = |H|[S:H] = p \cdot d/p = d$, 命题得证. □

习题 1.6

1. 证明: $\mathbb{R}/\mathbb{Z} \simeq S^1$.
2. 设 S_3, S_4 是对称群, V 是 Klein 四元群, 见例 1.4.12.
   (a) 证明: V 是 S_4 的正规子群.　[提示] V 包含 S_4 中所有阶是 2 的偶置换, 利用此性质用定义验证.
   (b) 证明: $VS_3 = S_4$.　[提示] 借助习题 1.4(第 7 题).
   (c) 证明: $S_4/V \simeq S_3$.　[提示] 借助命题 1.6.5.
3. 加法群 $\mathbb{Z}$ 到自身的同态中, 有多少个满同态? 多少个单同态?
4. 设 $\phi: G \to G'$ 是有限群之间的同态. 证明: $|\phi(G)|$ 同时整除 $|G|$ 与 $|G'|$.
5. 设 G 是非交换群, 则商群 G/Z_G 不是循环群.　[提示] 等价地, 若 G/Z_G 是循环群, 则 G 必是交换群.
6. 举例说明可以存在 G 的两个正规子群 H, K 同构, 但 G/H 与 G/K 不同构.　[提示] 可举一例 $G = \mathbb{Z}$.
7. 对于一般线性群 $GL_n(\mathbb{R}), n \geqslant 2$, 考虑其上的取逆映射 $\varphi: GL_n(\mathbb{R}) \to GL_n(\mathbb{R})$, $A \mapsto \varphi(A) = A^{-1}$ 和转置映射 $\phi: GL_n(\mathbb{R}) \to GL_n(\mathbb{R})$, $A \mapsto \phi(A) = A^{\mathrm{T}}$.
   (i) φ 与 ϕ 是否是同态映射?
   (ii) 证明: 合成映射 $\varphi\phi$ 是同构映射.
8. 设 G 是群, $x, y \in G$. 定义它们的**换位子**为 $xyx^{-1}y^{-1}$. 定义 G 的**换位子群**G' 是由所有换位子生成的子群 (两个换位子的乘积未必是换位子).
   (a) 证明: $G' \triangleleft G$ 并且 G/G' 是交换群.
   (b) 设 $\varphi: G \to A$ 是群同态. 若 A 是交换群, 证明: $G' \leqslant \ker\varphi$; 反之, 若 $G' \leqslant \ker\varphi$, 则 $\mathrm{im}\,\varphi$ 是交换群.
   (c) 若 $G' \leqslant H \leqslant G$. 证明: $H \triangleleft G$.
9. 证明: 群 G 的内自同构群 $\mathrm{Inn}(G)$ (参看命题 1.5.11) 是 $\mathrm{Aut}(G)$ 的正规子群. 称商群 $\mathrm{Out}(G) := \mathrm{Aut}(G)/\mathrm{Inn}(G)$ 为 G 的**外自同构群**.

1.7 群作用

群作用是表现群性质的有力方法, 不论是理论的分析还是实际的运用, 都有其重要地位. 群 G 作用到集合 X, 直观上看就是群里一元素 g 将集合 X 中

的元素 x 变成 X 中另一元素，不妨记为 $g*x$. 从映射的观点看就是有一映射 $\alpha: G\times X\to X$, 则 $g*x=\alpha(g,x)$. 一般地, 群作用有如下要求.

定义 1.7.1（群作用） 设 X 是集合, G 是群. 称 G 作用到 X 上, 如果存在一个映射 $\alpha: G\times X\to X$ 满足

(i) 对任意 $g,h\in G$ 和 $x\in X$ 有 $g*(h*x)=(gh)*x$;

(ii) 对所有 $x\in X$, 有 $1*x=x$.

以上称为 G 的左作用, 方便起见可将 $g*x$ 记为 gx. 类似地, 我们可以有右作用, 即考虑映射 $\alpha: X\times G\to X$, $\alpha(x,g)=x*g$ 满足同样的性质即可. 带有群 G 作用的集合也称为 G-**集**. 对 $g\in G$, 记映射 $\alpha_g: X\to X$, $x\to g*x$. 群 G 在集合 X 上的作用, 相当于给出一个群同态 $G\to S_X$.

例 1.7.2 设 $\mathfrak{H}:=\{z\in\mathbb{C}: \mathrm{Im}(z)>0.\}$ 为上半平面. 定义 $SL_2(\mathbb{Z})$ 在 $\mathfrak{H}$ 上作用如下

$$\begin{pmatrix} a & b \\ c & d \end{pmatrix}\cdot z=\frac{az+b}{cz+d}.$$

可验证此作用确为群作用.

命题 1.7.3 设 $\alpha: G\times X\to X$ 是群作用, 则映射 $\alpha': G\to S_X$, $g\mapsto \alpha'(g)=\alpha_g$ 是同态. 反之, 若有同态 $\varphi: G\to S_X$, 则映射 $\varphi': G\times X\to X$, $(g,x)\mapsto \varphi(g)(x)$ 是一个作用.

证明 若 $\alpha: G\times X\to X$ 是群作用, 则对 $g\in G$ 前面定义 α_g 是 X 上的置换. 事实上, $\alpha_{g^{-1}}$ 是 α_g 的逆映射, 因为对任意 $x\in X$, 有 $\alpha_g\circ\alpha_{g^{-1}}(x)=g*(g^{-1}*x)=(gg^{-1})*x=1*x=x$, 故 $\alpha_g\circ\alpha_{g^{-1}}=\mathrm{id}_X$; 同理有 $\alpha_{g^{-1}}\circ\alpha_g=\mathrm{id}_X$. 下面说明 α' 是同态

$$\alpha': G\longrightarrow S_X,$$

$$g\longmapsto \alpha_g.$$

对任意 $x\in X$, $g,h\in G$, 我们有

$$\alpha'(gh)(x)=\alpha_{gh}(x)=gh(x)=g\alpha_h(x)=\alpha_g\alpha_h(x)=\alpha'(g)\circ\alpha'(h)(x),$$

从而得到 $\alpha'(gh)=\alpha'(g)\circ\alpha'(h)$, 即 α' 是同态.

反之, 任给同态 $\varphi: G\to S_X$, 则以下 φ' 是群 G 的作用

$$\varphi': G\times X\longrightarrow X,$$

$$(g, x) \longmapsto g * x = \varphi(g)(x).$$

事实上, $1_G * x = \varphi(1_G)(x) = \mathrm{id}_X(x) = x$. 其次, 对任意 $g, h \in G$, 我们有 $(gh) * x = \varphi(gh)(x) = \varphi(g)\varphi(h)(x) = g * (h * x)$. 综上 φ' 是群 G 的作用. □

例 1.7.4 若群 G 左作用于 X, 而 Y 是任意集合, 则 G 在映射构成的集合 $S = \{f : X \to Y\}$ 上有自然的左作用 $\alpha(g, f) = g * f = [x \mapsto f(g^{-1}x)]$. 显然, $1 * f = [x \mapsto f(1^{-1}x) = f(x)] = f$. 其次, 对任意 $g_1, g_2 \in G$, 我们有

$$(g_1 g_2) * f = \left[x \mapsto f((g_1 g_2)^{-1}x)\right] = \left[x \mapsto f(g_2^{-1}g_1^{-1}x)\right],$$

$$g_1 * (g_2 * f) = g_1 * \left[x \mapsto f(g_2^{-1}x)\right] = \left[x \mapsto f(g_2^{-1}g_1^{-1}x)\right].$$

由上式我们可以看出 $(g_1 g_2) * f = g_1 * (g_2 * f)$, 故上述 α 是 G 在 S 上的左作用.

若 G 右作用于 X, 则 G 在 S 上相应的左作用取为 $\alpha(g, f) = g * f = [x \mapsto f(xg)]$. 这是因为对任意 $g_1, g_2 \in G$, 我们有

$$(g_1 g_2) * f = [x \mapsto f(x(g_1 g_2))] = [x \mapsto f(xg_1 g_2)],$$

$$g_1 * (g_2 * f) = g_1 * [x \mapsto f(xg_2)] = [x \mapsto f(xg_1 g_2)].$$

同样可以看出 $(g_1 g_2) * f = g_1 * (g_2 * f)$. 故 α 是 G 在 S 上的左作用.

定义 1.7.5 设群 G 作用在集合 X 上. 对 $x \in X$, **轨道** $Gx := \{gx : g \in G\}$ 是 X 的子集, 其元素称为该轨道的代表元. x 在 G 中的**稳定化子** $\mathrm{Stab}_G(x) := \{g \in G : gx = x\}$ 是 G 的子群.

群 G 作用到集合 X 上可以给出一个等价关系 "$\sim$". 设 $x, y \in X$, 若有 $g \in G$ 使得 $y = gx$, 则记 $x \sim y$. 易验证此关系确系等价关系, 而 $x \in X$ 的等价类 $[x]$ 恰是轨道 Gx. 相应的商集 (或轨道空间) 记为 $G \backslash X$; 对于右作用, 轨道空间自然就记为 X/G. 由等价关系给出的划分, 得到如下命题

命题 1.7.6 设群 G 作用在集合 X 上, 则 X 是轨道的无交并. 若 X 有限, 那么有

$$|X| = \sum_i |Gx_i|,$$

其中 x_i 是轨道的代表元.

轨道与稳定化子的关系如下

定理 1.7.7 设群 G 作用在集合 X 上. 对任意 $x \in X$, 有双射

$$\varphi : G/\mathrm{Stab}_G(x) \longrightarrow Gx$$

$$g \cdot \mathrm{Stab}_G(x) \longmapsto gx.$$

从而, 有基数等式 $|Gx| = [G : \mathrm{Stab}_G(x)]$.

证明 首先易知 φ 是合理的. 显然 φ 是满射. 若 $gx = hx$, 则 $h^{-1}gx = x$, 从而 $h^{-1}g \in \mathrm{Stab}_G(x)$, 故 $g \cdot \mathrm{Stab}_G(x) = h \cdot \mathrm{Stab}_G(x)$, 即 φ 是单射. □

推论 1.7.8 设有限群 G 作用在集合 X 上. 取 $x \in X$, 则 $|Gx|$ 整除 $|G|$.

证明 因 $|Gx| = [G : \mathrm{Stab}_G(x)]$, 结合拉格朗日定理即得. □

例 1.7.9（共轭作用） 设 G 为群. 伴随自同构 $\mathrm{Ad} : G \to \mathrm{Aut}(G)$（同态 Ad 的定义参看式(1.5.1)) 给出的作用称为 G 的**共轭作用** $G \times G \to G$ (在此考虑左作用), 即

$$(g, x) \longmapsto gxg^{-1}.$$

共轭作用下的轨道称为 G 中的**共轭类**, 此时 Gx 也记为 x^G.

对于 $x \in G$, 其稳定化子群 $\mathrm{Stab}_G(x)$ 也称为 x 在 G 中的**中心化子**, 记为 $Z_G(x)$. 若 $x \in Z_G$, 则其共轭类 $x^G = \{x\}$.

定理 1.7.10（柯西定理） 设有限群 G 的阶被素数 p 整除, 则 G 包含 p 阶元.

证明 我们对 $|G|$ 归纳证明. 若 $|G| = 1$, 命题自然成立, 因为 1 没有素因子. 对 $x \in G$, 由定理 1.7.7 知, 其共轭类的阶 $|x^G| = [G : Z_G(x)]$. 若 $x \notin Z_G$, 则 x^G 多于一个元素且 $|Z_G(x)| < |G|$. 若 p 整除 $|Z_G(x)|$, 由归纳假设知 $Z_G(x)$ 中有 p 阶元, 从而 G 亦然. 故可假设对所有非中心元 x 有 $p \nmid |Z_G(x)|$. 因 $|G| = [G : Z_G(x)]|Z_G(x)|$, 所以有

$$p \mid [G : Z_G(x)].$$

对任意 $x \in Z_G$, 我们有 $|x^G| = 1$. 从而, 命题 1.7.6 可得

$$|G| = |Z_G| + \sum_i [G : Z_G(x_i)],$$

其中 x_i 是非中心元的共轭类代表元. 因 $|G|$ 和所有 $[G : Z_G(x_i)]$ 均被 p 整除, 因此 $|Z_G|$ 也被 p 整除. 但 Z_G 是阿贝尔群, 由命题 1.6.7 知其必有 p 阶元, 所以 G 也有 p 阶元. 综上命题成立. □

习题 1.7

1. 对称群 S_n 在点 n 的稳定子是什么?

2. 令 $G = D_8$ 是正方形的二面体群. 顶点的稳定子是什么? 边的呢?
3. 3 阶魔方群 G 的阶为 $8! \cdot 12! \cdot 2^{10} \cdot 3^7$. 说明 G 中必有 7 阶和 11 阶子群.
4. 设 H 是群 G 的子群, $(G:H)$ 有限, 证明: 存在正规子群 $H' \triangleleft G$ 使得 $(G:H')$ 有限而且 $H' \subset H$. 提示 让 G 在陪集空间 G/H 上作用, 考虑同态 $G \to \operatorname{Aut}(G/H)$ 的核.
5. 考虑同态 $\operatorname{Ad} : S_n \longrightarrow \operatorname{Aut}(S_n)$, $x \longmapsto \operatorname{Ad}_x$. 证明当 $n \neq 2, 6$ 时, Ad 是同构. 若 $n = 6$, 则 $|\operatorname{Aut}(S_6)| = 2|S_6|$.
6. (凯莱定理) 每个群 G 都同构于它的对称群 S_G 的一个子群.

1.8 群直积与半直积

我们考虑群的一种简单构造, 即群的直积.

定义 1.8.1 设由群 $H_1, \cdots, H_n$. 其**直积** 定义为笛卡儿积

$$H_1 \times \cdots \times H_n := \{(h_1, \cdots, h_n) : h_i \in H_i\},$$

乘法为 $(h_1, \cdots, h_n) \cdot (h'_1, \cdots, h'_n) = (h_1 h'_1, \cdots, h_n h'_n)$.

易知 $H_1 \times \cdots \times H_n$ 也是群. 令 $G = H_1 \times \cdots \times H_n$, $G_i = \{(e_1, \cdots, h_i, \cdots, e_n) : h_i \in H_i, e_j \text{ 是 } H_j \text{ 中幺元}\}$. 显然 $G_i \simeq H_i$ 且

$$\begin{aligned} &G = \langle \cup_j G_j \rangle, \\ &G_i \triangleleft G, \\ &G_i \cap \langle \cup_{j \neq i} G_j \rangle = 1_G, \ \forall i. \end{aligned} \quad (1.8.1)$$

定理 1.8.2 设 G 是群, $G_1, \cdots, G_n$ 是 G 的子群, 满足等式(1.8.1), 那么 $G \simeq G_1 \times \cdots \times G_n$.

证明 取 $a \in G_i, b \in G_j, i \neq j$. 由等式(1.8.1)中后两条得, $a(ba^{-1}b^{-1}) = (aba^{-1})b^{-1} \in G_i \cap G_j = \{1\}$, 因此 $ab = ba$. 利用此交换性及等式(1.8.1)中第一条, 我们可以将 G 中任一元素 g 写成 $g = g_1 \cdots g_n$, 其中 $g_i \in G_i$. 这种表示是唯一的. 事实上, 若有 $g = g'_1 \cdots g'_n$, 利用如上证明的交换性可得 $(g'_1)^{-1} g_1 = g'_2 g_2^{-1} \cdots g'_n g_n^{-1}$. 利用(1.8.1)第三条知 $g'_1 = g_1$. 同理可知, $g'_i = g_i$. 定义映射

$$\varphi : G \to G_1 \times \cdots \times G_n, \quad g = g_1 \cdots g_n \mapsto (g_1, \cdots, g_n).$$

易知 φ 是同构. □

命题 1.8.3 设 H 是有限群 G 的最小非平凡正规子群, 则存在同构 $H \simeq U_1 \times \cdots \times U_n$, 其中 U_i 是同构的单群.

证明 我们对 G 的阶数归纳地证明. 若 G 是单群, 则命题得证. 若 G 非单群, 则 $|H| < |G|$. 令 V 是 H 的最小非平凡正规子群, 只要证明 H 是 V 的直积即可.

对任意 $g \in G$, 我们有 $gVg^{-1} \triangleleft gHg^{-1} = H$, 从而由所有子群 gVg^{-1} 生成的子群是 G 的正规子群且位于 H 中. 由 H 的最小性得前面生成的正规子群就是 H. 令 X 是 G 中的最小集合使得 $H = \langle xVx^{-1} : x \in X \rangle$. 对任意 $x_0 \in X$, 交 $x_0 V x_0^{-1} \cap \langle xVx^{-1} : x \in X \setminus \{x_0\}\rangle$ 是 H 的正规子群并且严格小于 $x_0 V x_0^{-1}$ (这是因为 X 的极小性). 因为 $x_0 V x_0^{-1}$ 是 H 的最小非平凡正规子群, 从而 $x_0 V x_0^{-1} \cap \langle xVx^{-1} : x \in X \setminus \{x_0\}\rangle$ 平凡. 因此, 定理 1.8.2 推出 H 是所有 xVx^{-1} 的直积, 这里 $x \in X$. □

下面说明交错群 A_n $(n \geqslant 5)$ 的单性. 首先有下面的引理.

引理 1.8.4 (i) 当 $n \geqslant 3$ 时, 交错群 A_n 由 3 循环生成.

(ii) 当 $n \geqslant 5$ 时, 交错群 A_n 由形如 $(ij)(kl)$ 的置换生成, 其中 i,j,k,l 互不相同.

证明 因为 A_n 中元素是偶置换, 每个都可以表示为偶数个对换的乘积. 注意到 $(ij)(ik) = (ikj) = (ij)(ab) \cdot (ab)(ik)$ 以及 $(ij)(kl) = (ijk)(jkl)$, 引理由此得证. □

以下证明源自文献 [2] 中的定理 11.3. 其他不同的证明可见于文献 [15] 中的定理 4.9.7, 文献 [12] 中的练习 3.4.

定理 1.8.5(伽罗瓦) 令 $n \geqslant 5$.

(i) 交错群 A_n 是对称群 S_n 中唯一的非平凡正规子群.

(ii) A_n 是单群.

证明 (i) 设 N 是 S_n 的非平凡正规子群. 取 $\sigma \in N$ 是非平凡置换, 则存在某个 i 使得 $\sigma(i) \neq i$. 我们取 $j \neq i, \sigma(i)$, 则对于对换 $\tau = (ij)$ 而言, 置换 $\rho = \sigma \tau \sigma^{-1} \tau^{-1} \in N$ 是非平凡的. 进而, ρ 是对换 $\sigma \tau \sigma^{-1}$ 和 τ^{-1} 的乘积, 由引理 1.8.4 的证明知其是 3 循环或 $(ab)(cd)$. 由命题 1.3.11 知所有 3 循环共轭, 所有形如 $(ab)(cd)$ 的置换也相互共轭. 因为 N 正规, 所以它或者包含所有的 3 循环或者包含所有形如 $(ab)(cd)$ 的置换. 引理 1.8.4 告诉我们 $N = A_n$.

(ii) 命题 1.8.3 知 $A_n = U_1 \times \cdots U_k$, 其中 U_i 同构于同一个 U. 比较阶数得, $n!/2 = |U|^k$, 由 Chebychev 定理⊖ 知 $k = 1$.

⊖ 对任意 $m > 1$ 的整数, 至少存在一个素数 p 使得 $m < p < 2m$, 此定理由埃尔德什 (P. Erdős, 1913—1996) 于 1932 年 19 岁时给出一个简单的证明, 详见文献 [17] 中的第 2 章. 此定理等价于 $m!$ 的素因子分解中至少有一个素因子的幂是 1. 此陈述容易证明, 或可参考文献 [10] 中的问题 102.

当然, 我们也可以不用 Chebychev 定理来完成证明. 当 $n \geq 5$ 时, 由 $|U|$ 是偶数, 故定理 1.7.7 说明 U_1 含有一个二阶元 ρ. 此 ρ 总是可以分解成不交的对换的乘积, $\rho = \tau_1 \cdots \tau_n$. 进而, 由命题 1.3.11 知 $\rho = \tau_1 \rho \tau_1^{-1}$, 因此 $\rho \in \tau_1 U_1 \tau_1^{-1}$. 因为 U_1 和 $\tau_1 U_1 \tau_1^{-1}$ 是单群, 且是 $A_n = \tau_1 A_n \tau_1^{-1}$ 的正规子群, 而它们的交非平凡并且是 A_n 的正规子群, 从而也是 U_1 和 $\tau_1 U_1 \tau_1^{-1}$ 的正规子群, 所以必有 $U_1 = \tau_1 U_1 \tau_1^{-1}$. 因而 U_1 是 $S_n = \langle A_n, \tau_1 \rangle$ 的正规子群, 结合断言 (i) 便推出 $U_1 = A_n$. □

定义 1.8.6(**群的半直积**) 设 H, N 为群, 并给定同态 $\alpha: H \to \mathrm{Aut}(N)$. 相应的半直积 $N \rtimes_\alpha H$ 为如下定义的群 (下标 α 经常略去):

(i) 作为集合, $N \rtimes H$ 无非是积集 $N \times H$;

(ii) 二元运算是 $(n, h)(n', h') = (n\alpha(h)(n'), hh')$, 其中 $n, n' \in N, h, h' \in H$.

首先注意到 $N \rtimes H$ 满足结合律, 其幺元是 $(1, 1)$ 而 $(n, h)^{-1} = (\alpha(h^{-1})(n^{-1}), h^{-1})$, 这些验证都是简单但稍显冗长的. 对此宜做进一步的解释.

(i) 透过单同态 $h \mapsto (1, h)$ 和 $n \mapsto (n, 1)$ 可将 H 和 N 都视为 $N \rtimes H$ 的子群. 从二元运算的定义立得 $N \triangleleft (N \rtimes H)$. 符号 $N \rtimes H$ 遂有了便于记忆的诠释, 它实际是 $N \triangleleft \cdots$ 的变形.

(ii) 半直积里的二元运算可以拆开来看: (a) H 内部的乘法; (b) N 内部的乘法; (c) H 与 N 之间的乘法. 无论怎么乘, 我们都希望将结果写成形如 $(n, h) = n \cdot h$ 的标准形. 唯一待厘清的是如何将形如 $h \cdot n$ 的元素化成标准形. 既然 N 是正规子群, 自然的想法是在 $N \rtimes H$ 里考虑

$$hn = \underbrace{(hnh^{-1})}_{\in N} h = \mathrm{Ad}_h(n) h. \tag{1.8.2}$$

于是乘法结构归结到同态 $H \ni h \mapsto \mathrm{Ad}_h|_N \in \mathrm{Aut}(N)$, 这正是半直积定义里的 α.

(iii) 当 α 是平凡同态时, $N \rtimes H = N \times H$.

以下说明如何将一个给定的群描述为半直积. 首先介绍一个概念

定义 1.8.7 设 E 是群 G 的任意子集. 定义其**正规化子**为 $N_G(E) := \{n \in G : nEn^{-1} = E\}$.

命题 1.8.8 设 G 为群, H, N 为其子群而且 $H \subset N_G(N)$. 定义 $\alpha: H \to \mathrm{Aut}(N)$ 为 $\alpha(h) = \mathrm{Ad}_h|_N$, 则映射

$$\mu: N \rtimes H \longrightarrow G$$

$$(n, h) \longrightarrow nh$$

是同态; μ 是同构当且仅当 $NH = G$, $N \cap H = \{1\}$. 这时我们也称 G 是子群 N, H 的**半直积**.

如果 $N \cap H = \{1\}$ 且 $N \subset N_G(H)$, 则 $nh = hn$ 对任何 $n \in N, h \in H$ 恒成立; 换言之此时 $\alpha = 1$.

证明 关于 μ 是同态的验证可参照之前讨论, 特别是 (1.8.2). 条件 $NH = G$ 确保 G 中每个元素都能写作 nh 的形式, 而条件 $N \cap H = \{1\}$ 确保写法唯一, 同样由先前讨论可知此时 μ 是同构; 反向断言是自明的.

至于乘法交换性, 注意到
$$nhn^{-1}h^{-1} \in nHn^{-1}H \cap NhNh^{-1}.$$
由正规化子的条件知右项等于 $H \cap N = \{1\}$. □

习题 1.8

1. 令 x 是群 G 中 r 阶元, y 是群 G' 中 s 阶元, 则 (x,y) 在积群 $G \times G'$ 中的阶是多少?
2. 证明: 两个无限循环群的积不是无限循环群.
3. 在下面每一种情形中, 确定 G 是否同构于积群 $H \times K$.
    (a) $G = \mathbb{R}^\times$, $H = \{\pm 1\}$, $K = \mathbb{R}^\times_{>0}$.
    (b) $G = \mathbb{C}^\times$, $H = S^1$, $K = \mathbb{R}^\times_{>0}$.
    (c) $G = \{2\text{ 阶可逆上三角矩阵}\}$, $H = \{\text{可逆对角矩阵}\}$, $K = \{\text{对角元素是 1 的上三角矩阵}\}$.
4. 设 $n \in \mathbb{Z}_{\geq 0}$. 取循环群 $H := \mathbb{Z}/2\mathbb{Z}$, $N := \mathbb{Z}/n\mathbb{Z}$, 其二元运算写作加法 $+$. 令 τ 为 H 中的非平凡元, 定义 $\alpha : H \to \mathrm{Aut}(N)$ 使得 $\alpha(\tau) : x \mapsto -x$, 证明: $N \rtimes H$ 同构于二面体群 D_{2n}.
5. 证明 $S_4 \simeq V \rtimes S_3$ 以及 $S_4 \simeq A_4 \rtimes \mathbb{Z}/2\mathbb{Z}$. 〈提示〉记 $G = S_4$. 首先说明 $N_G(V) = N_G(A_4) = S_4$, 然后利用命题 1.8.8.
6. 设 I 为集合, $(G_i)_{i \in I}$ 为一族以 I 为指标的群. 假设 $I_0 \subset I$ 为有限子集, 而且对每个 $i \in I \setminus I_0$ 皆给定子群 $H_i \subset G_i$ (或者说, 对**几乎所有指标** i 给定 H_i), 定义**限制直积**为
$$\prod_{i \in I}{}' G_i := \left\{ (x_i)_{i \in I} \in \prod_{i \in I} G_i : \exists \text{ 有限子集 } I_x \subset I, i \notin I_x \implies x_i \in H_i \right\};$$
换言之, 我们要求其中元素几乎所有的坐标 x_i 都落在 H_i. 证明: $\prod'_{i \in I} G_i$ 是 $\prod_{i \in I} G_i$ 的子群. 如取 $H_i = \{1\}$, 所得结构称为群的**直和** $\bigoplus_{i \in I} G_i$.

1.9 有限生成的交换群

有限生成的交换群具有清晰的结构. 当然, 它可以作为 $\mathbb{Z}$ 模的结构而得到, 或者更一般地, 作为主理想整环 (参见定义 2.4.12) 的模结构而得到. 本书中我们未

介绍一般的模论结构 (环上的模是域上的向量空间的自然推广), 为此, 从群的视角阐述有限生成的交换群.

定义 1.9.1   设 A 是交换群. 元素 $a \in A$ 称为**挠元** (或扭元) 如果其阶有限. A 中所有挠元构成 A 的子群, 称为 A 的**挠子群**, 记为 A_{tor}. 交换群 A 称为**挠群**, 若 $A = A_{\text{tor}}$.

有限生成的挠交换群显然是有限群. 我们先看一下挠交换群. 设 A 是交换群, p 是一素数, 我们以 $A(p)$ 表示 A 中所有阶为 p 的幂的元素构成的子群. 那么, $A(p)$ 是挠群, 当其有限时称为 p 群, 即群的阶是 p 的幂的群. 我们上一节介绍了群的直积, 对于有限个群, 直积与直和是一致的. 对于无限个群, 群的直积与直和不同. 一族群的直和为其笛卡儿积中除有限个指标外分量皆为幺元的全体, 定义可见习题 1.8 第 6 题.

定理 1.9.2   令 A 是挠交换群, 则 $A = \bigoplus_p A(p)$, p 取遍所有素数.

证明   考虑同态
$$\phi: \bigoplus_p A(p) \longrightarrow A, \quad (x_p) \longmapsto \sum x_p.$$

下面我们证明此同态是双射. 设 $x = (x_p) \in \ker \phi$, 则有 $\sum x_p = 0$. 取 q 为一素数, 因而 $x_q = \sum_{p \neq q} x_p$. 令 m 是等式右端 x_p 的阶的最小公倍数, 其中 $x_p \neq 0$, $p \neq q$, 那么有 $m x_q = 0$. 另一方面, 必有某个正整数 r 使得 $q^r x_q = 0$. 因 m, q^r 互素, 所以存在整数 s, t 满足 $sm + tq^r = 1$. 因此, $x_q = s(m x_q) + t(q^r x_q) = 0$, 这说明 $x = 0$, 即 ϕ 是单射.

对任意正整数 m, 以 A_m 记 A 到自身 m 倍映射的核. 我们断言: 若 $m = rs$, 这里 r, s 是互素的正整数, 那么必有 $A_m = A_r + A_s$. 事实上, 存在整数 u, v 使得 $ur + vs = 1$, 因而对 $x \in A_m$ 有 $x = urx + vsx$, 其中 $urx \in A_s$, $vsx \in A_m$. 归纳地, 我们有

若 $m = \prod_{p|m} p^{e(p)}$, 则 $A_m = \sum_{p|m} A_{p^{e(p)}}$.

因此, 映射 ϕ 也是满射. 综上, ϕ 是同构.   □

例 1.9.3   商群 $\mathbb{Q}/\mathbb{Z}$ 是挠交换群, 因此有同构 $\mathbb{Q}/\mathbb{Z} \simeq \bigoplus_p \mathbb{Q}/\mathbb{Z}(p)$, 这里 $\mathbb{Q}/\mathbb{Z}(p) = \{\frac{a}{p^k} + \mathbb{Z} \in \mathbb{Q}/\mathbb{Z} : a, k \in \mathbb{Z}, k > 0\}$. 另外, 因为 $\mathbb{R}/\mathbb{Z} \simeq S^1$, 所以 $\mathbb{Q}/\mathbb{Z}$ 同构于所有单位根构成的群 $\bigcup_{n=1}^{\infty} \mu_n$.

下面我们考虑有限交换群, 先讨论一下有限交换 p 群的结构.

定义 1.9.4 令 $r_1, \cdots, r_n$ 是正整数. 有限交换 p 群 A 称为 $(p^{r_1}, \cdots, p^{r_s})$ 型, 若 A 同构于阶为 p^{r_i} ($i = 1, \cdots, s$) 的循环群的直积.

引理 1.9.5 设 A 是有限交换 p 群. 取 $a \in A$ 是阶最大的元素, 并设其阶为 p^r. 令 $\bar{b} \in A/\langle a \rangle$, 阶为 p^s, 则存在 $\bar{b}$ 在 A 中的代表元 b, 其阶数也是 p^s.

证明 任取 $\bar{b}$ 在 A 中的一代表元 b_1, 则 $p^s b_1 \in \langle a \rangle$, 不妨设 $p^s b_1 = na$, $n \in \mathbb{Z}_{\geqslant 0}$. 显然 $\mathrm{ord}(\bar{b}) \leqslant \mathrm{ord}(b_1)$. 若 $n = 0$, 则 $p^s b_1 = 0$, 而 $p^{s-1} b_1 \neq 0$, $\mathrm{ord}(\bar{b}) = \mathrm{ord}(b_1) = p^s$, 命题得证. 若 $n > 0$, 则有 $n = p^k \mu$, 其中 p, μ 互素. 那么 μa 也是 $\langle a \rangle$ 的生成元, 因此 $\mathrm{ord}(\mu a) = p^r$. 从而可设 $k < r$, 不然 $na = 0$, 与前面情形相同. 此时 $p^k \mu a$ 的阶是 p^{r-k}, 因此由习题 1.9 第 1 题的结论可得 $\mathrm{ord}(b_1) = p^{s+r-k}$. 又因为 a 是 A 的最大阶元, 所以 $s + r - k \leqslant r$, 从而 $s \leqslant k$. 令 $b_2 = p^{k-s} \mu a \in \langle a \rangle$, 则 $p^s b_1 = p^s b_2$. 取 $b = b_1 - b_2$, 那么 b 是 $\bar{b}$ 的代表元, 并且 $p^s b = 0$, 因此 $\mathrm{ord}(b) = p^s$. □

定理 1.9.6 每个有限交换 p 群同构于循环 p 群的直积. 如果它是 $(p^{r_1}, \cdots, p^{r_s})$ 型的, 使得
$$r_1 \geqslant r_2 \geqslant \cdots \geqslant r_s \geqslant 1,$$
那么整数序列 $(r_1, \cdots, r_s)$ 被唯一确定.

证明 存在性我们归纳地证明. 令 $a_1 \in A$ 是最大阶元, 为不失一般性我们可假设 A 非循环群. 令 $A_1 = \langle a_1 \rangle$, 并设其阶是 p^{r_1}. 由归纳假设得, A/A_1 可分解为循环 p 群的直积
$$A/A_1 = \bar{A}_2 \times \cdots \times \bar{A}_s,$$
其阶依次为 $p^{r_2}, \cdots, p^{r_s}$, 相应地可设 $r_2 \geqslant \cdots \geqslant r_s$. 设 $\bar{a}_i$ 是 $\bar{A}_i$ ($i = 2, \cdots, s$) 的生成元, 由引理 1.9.5 知, A 中存在与 $\bar{a}_i$ 同阶的代表元 a_i. 令 $A_i = \langle a_i \rangle$, 下面说明 A 是 $A_1, A_2, \cdots, A_s$ 的直和 (这里直和是指 A 中每个元素 x 可以唯一写成 $x = \sum_i x_i$, $x_i \in A_i$, 即所谓群的**内直和**. 有限个群的直和与直积是同构的.).

取 $x \in A$, 记 $\bar{x}$ 是其在 A/A_1 中的像. 那么存在整数 $m_i \geqslant 0$ ($i = 2, \cdots, s$) 使得
$$\bar{x} = m_2 \bar{a}_2 + \cdots + m_s \bar{a}_s.$$
因此, $x - \sum_{i=2}^{s} m_i a_i \in A_1$, 从而存在整数 $m_1 \geqslant 0$ 使得
$$\bar{x} = m_1 \bar{a}_1 + m_2 \bar{a}_2 + \cdots + m_s \bar{a}_s.$$

这就说明 $A = A_1 + A_2 + \cdots + A_s$.

反之，假设有整数 $m_1, m_2, \cdots, m_s \in \mathbb{Z}_{\geqslant 0}$ 满足

$$0 = m_1\bar{a}_1 + m_2\bar{a}_2 + \cdots + m_s\bar{a}_s.$$

因为 a_i 的阶是 p^{r_i}，我们可以设 $m_i < p^{r_i}$. 将上述等式在 A/A_1 中考虑便有

$$0 = m_2\bar{a}_2 + \cdots + m_s\bar{a}_s.$$

因为 A/A_1 是 $\bar{A}_i\ (i = 2, \cdots, s)$ 的直积，所以 $m_i = 0\ (i = 2, \cdots, s)$. 进而，$m_1 = 0$. 所以，$A \simeq A_1 \times \cdots \times A_s$.

下面归纳证明唯一性. 假设 A 同构于循环群的直积的类型有两种，分别设为

$$(p^{r_1}, \cdots, p^{r_s}) \text{ 型}, \quad (p^{m_1}, \cdots, p^{m_k}) \text{ 型},$$

其中 $r_1 \geqslant \cdots \geqslant r_s \geqslant 1$ 以及 $m_1 \geqslant \cdots \geqslant m_k \geqslant 1$. 那么 pA 也是 p 群，并且阶严格小于 A 的，相应两种类型是

$$(p^{r_1-1}, \cdots, p^{r_s-1}) \text{ 型}, \quad (p^{m_1-1}, \cdots, p^{m_k-1}) \text{ 型},$$

其中若有 r_i 或 m_j 是 1，则对应 p^{r_i-1} 或 p^{m_j-1} 的 pA 中的是平凡群 0. 由归纳假设知，$(r_1 - 1, \cdots, r_s - 1)$ 中大于或等于 1 的序列被唯一确定，并且与 $(m_1 - 1, \cdots, m_k - 1)$ 对应的子序列相同；换言之，对于那些 $r_i - 1, m_i - 1 \geqslant 1$ 的数，我们有 $r_i - 1 = m_i - 1$. 因此，序列

$$(p^{r_1}, \cdots, p^{r_s}) \text{ 与 } (p^{m_1}, \cdots, p^{m_k})$$

除去等于 p 的分量外是相同的. 对于分量是 p 的项，我们假设上述两个序列 p 出现的次数分别是 μ, ν 次，则 A 的类型可设为

$$(p^{r_1}, \cdots, p^{r_n}, \underbrace{p, \cdots, p}_{\mu \text{ 项}}) \text{ 型}, \quad (p^{r_1}, \cdots, p^{r_n}, \underbrace{p, \cdots, p}_{\nu \text{ 项}}) \text{ 型}.$$

比较两种类型下 A 的阶便有

$$p^{r_1 + \cdots + r_n + \mu} = p^{r_1 + \cdots + r_n + \nu},$$

从而 $\mu = \nu$，命题得证. □

定义 1.9.7 群 G 称为**无挠的**，如果 G 中不含有挠元. 若 G 是交换群，并且有同构 $G \simeq \bigoplus_{i \in I} \mathbb{Z}$，$I$ 为一指标集，那么称 G 是**自由交换群**，基数 $|I|$ 称为 G 的**秩**，记为 $\mathrm{rk}(G)$.

命题 1.9.8　设 A 是自由交换群，B 是 A 的子群，则 B 也是自由交换群，并且 $\mathrm{rk}(B) \leqslant \mathrm{rk}(A)$.

证明　我们仅对 A 是有限生成的情形给予证明，一般情形也是成立的. 因为 A 是自由交换群，我们可以取 $\{x_1, \cdots, x_n\} \in A$ 使得
$$A = \mathbb{Z}x_1 \oplus \cdots \oplus \mathbb{Z}x_n.$$
此集合 $\{x_1, \cdots, x_n\} \in A$ 称为 A 的**基**. 考虑投射
$$f: A \longrightarrow \mathbb{Z}x_1$$
$$\sum_i m_i x_i \longmapsto m_1 x_1.$$

记 B_1 是 f 限制在 B 的映射的核，那么 B_1 含在自由交换群 $\langle x_2, \cdots, x_n \rangle$ 中. 由归纳假设，B_1 是自由交换群，其基底元素个数小于或等于 $n-1$. 由习题 1.9 第 2 题知，存在同构于 $f(B) \leqslant \mathbb{Z}x_1$ 的子群 C_1，使得 $B = B_1 \oplus C_1$. 因 $f(B)$ 是 0 或无限循环群，因此 B 是自由的. □

定理 1.9.9　设 A 是有限生成的交换群，A_{tor} 是 A 中所有挠元构成的子群. 那么 A_{tor} 是有限群，A/A_{tor} 是自由的，并且存在 A 的自由子群 B 使得 $A = B \oplus A_{\mathrm{tor}}$.

证明　首先有限生成的挠交换群一定是有限群. 设 A 由 n 个元素生成，F 是秩 n 的自由交换群，则有满同态 $\varphi: F \to A$. 由命题 1.9.8 知 F 的子群 $\varphi^{-1}(A_{\mathrm{tor}})$ 是有限生成的，因此 A_{tor} 是有限生成的，从而 A_{tor} 是有限群.

下面证明 A/A_{tor} 不含挠元. 取 $\bar{x} \in A/A_{\mathrm{tor}}$ 使得对某个非零整数 m 有 $m\bar{x} = 0$. 对任意 $\bar{x}$ 在 A 的代表元 x 有 $mx \in A_{\mathrm{tor}}$，因此存在某个非零整数 q 使得 $qmx = 0$，故而 $x \in A_{\mathrm{tor}}$，即 $\bar{x} = 0$. 这说明 A_{tor} 是无挠的，从而习题 1.9 第 3 题推出 A/A_{tor} 是自由群. 借助习题 1.9 第 2 题即可完成证明. □

对有限生成的交换群 A，定义 A 的秩为 A/A_{tor} 的秩.

例 1.9.10　设 E 是定义在有理数 $\mathbb{Q}$ 上的椭圆曲线，即其方程（见例 1.2.11）的系数全是有理数. 以 $E(\mathbb{Q})$ 表示坐标全是有理数的点构成的集合，则 $E(\mathbb{Q}) \cup \{O\}$ 关于椭圆曲线的加法构成群，是有限生成的交换群（参看 [19, 定理 1.12]）. 对椭圆曲线 E，我们可以定义一个和它相伴的复变函数 $L(E, s)$，大体类似于黎曼（Riemann）ζ 函数的思想而得到的一种复变函数. $L(E, s)$ 可以解析开拓到整个复平面. $L(E, s)$ 携带 E 的重要信息，著名的 Birch-Swinnerton-Dyer 猜想说
$$\mathrm{ord}_{s=1} L(E, s) = \mathrm{rk}(E),$$

即 $L_E(s)$ 在 $s=1$ 处的零点的阶等于椭圆曲线的秩. 此猜想目前仅对 $\mathrm{ord}_{s=1} L(E,s) \leqslant 1$ 的情形是确定的, 对于 $\mathrm{ord}_{s=1} L(E,s) > 1$ 的情况仍待探究.

习题 1.9

1. 令 A 是有限交换 p 群. 元素 $b \in A$, $b \neq 0$. 设正整数 k 满足 $p^k b \neq 0$, 并设 $p^k b$ 的阶是 p^m. 证明: b 的阶是 p^{k+m}.
2. 令 $f : A \to A'$ 是交换群之间的满同态, A' 是自由的, $B = \ker f$. 证明: 存在子群 $C \leqslant A$ 使得 $f|_C : C \simeq A'$ 并且 $A = B \oplus C$.
3. 证明: 有限生成的无挠交换群必是自由群.　[提示] 设 A 是有限生成的无挠交换群, $\{x_1, \cdots, x_n\}$ 是 A 的满足 $\mathbb{Z}$ 线性无关最大个数的一组元素, 则 $B = \langle x_1, \cdots, x_n \rangle$ 是自由的. 任取 $y \in A$, 满足 $my + m_1 x_1 + \cdots + m_n x_n = 0$, 其中 $m_i \in \mathbb{Z}$. 说明 $m \neq 0$. 考虑 A 到自身的 m 被映射, 说明 $mA \subseteq B$ 是自由的, 从而推出 A 是自由的.
4. 证明: 有限生成交换群的子群也是有限生成的.　[提示] 取自由交换群到有限生成交换群的一个满同态, 然后利用命题 1.9.8.
5. 令 A 是有限交换群, 阶数为 N^r. 假设对每个 $D \mid N$ 有 $\#A[D] = D^r$, 这里 $A[D]$ 是 A 中所有阶数整除 D 的元素构成的子群. 证明:
$$A \simeq (\mathbb{Z}/N\mathbb{Z})^r.$$

1.10 对称 *

对称的背后实际上是群在起作用. 如图 1.4 放置的等腰三角形, 显然关于 y 轴是对称的, 关于 x 轴不对称. 将三角形关于 y 轴反射, 其形状不变; 但是关于 x 轴反射, 其图像如图 1.4 中虚线所示. 反射这种操作是一种等距变换, 即保持距离不变的一种变换.

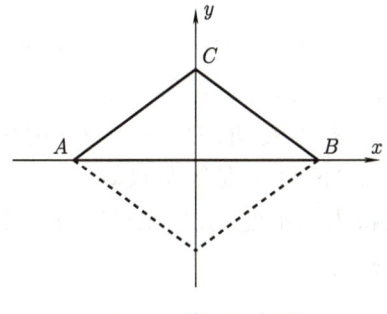

图 1.4　等腰三角形

定义 1.10.1　平面上的一个映射 $\varphi : \mathbb{R}^2 \to \mathbb{R}^2$ 称为**等距变换**如果它保持距离不变, 即对任意 $P = (a,b), Q = (c,d) \in \mathbb{R}^2$ 有

$$|\varphi(P) - \varphi(Q)| = |P - Q|,$$

其中 $|P-Q| = \sqrt{(a-c)^2 + (b-d)^2}$ 为 P 到 Q 的距离，即向量 $\overrightarrow{QP}$ 的模长.

定义 $P = (a,b), Q = (c,d)$ 的内积为 $P \cdot Q = ac + bd$，也就是向量 $\overrightarrow{OP}, \overrightarrow{OQ}$ 的内积，这里我们实际上将点 P 等同于向量 $\overrightarrow{OP}$, O 是坐标原点. 此内积是二维向量空间 $\mathbb{R}^2$ 上的经典内积，所以满足内积的基本性质 (参看文献 [14] 中的第 9 章，第 1 节): 对任意 $P, Q, R \in \mathbb{R}^2$, $k \in \mathbb{R}$ 有

(i) $P \cdot Q = Q \cdot P$;
(ii) $(kP) \cdot Q = P \cdot (kQ)$;
(iii) $(P + Q) \cdot R = P \cdot R + Q \cdot R$;
(iv) $P \cdot P \geqslant 0$, 当且仅当 $P = O$.

易知有 $P \cdot P = |\overrightarrow{OP}|^2$.

定义 1.10.2 平面图形 Ω 的**对称群** $\Sigma(\Omega)$ 是平面上所有满足 $\varphi(\Omega) = \Omega$ 的等距变换的集合. $\Sigma(\Omega)$ 的每个元素称为 Ω 的**对称**.

定理 1.10.3 设有映射 $\varphi : \mathbb{R}^2 \to \mathbb{R}^2$，则下列条件等价:

(i) φ 是固定原点 O 的等距，即 $\varphi(O) = O$.
(ii) φ 保持内积不变，即对任意 $P, Q \in \mathbb{R}^2$ 有 $\varphi(P) \cdot \varphi(Q) = P \cdot Q$.
(iii) φ 是正交变换.

证明 (i)⇔(ii): 设 φ 是保持原点不动的等距变换，则

$$\begin{aligned}(\varphi(P) - \varphi(Q)) \cdot (\varphi(P) - \varphi(Q)) &= |\varphi(P) - \varphi(Q)|^2 \\ &= |P - Q|^2 \\ &= (P - Q) \cdot (P - Q).\end{aligned} \quad (1.10.1)$$

因为 $\varphi(P) \cdot \varphi(P) = (\varphi(P) - \varphi(O)) \cdot (\varphi(P) - \varphi(O)) = P \cdot P$，同理 $\varphi(Q) \cdot \varphi(Q) = Q \cdot Q$，代入上式再利用内积的双线性展开计算可得 $\varphi(P) \cdot \varphi(Q) = P \cdot Q$，所以 φ 保持内积不变. 反过来，如果 φ 保持内积不变，取 $P = Q = O$，则有 $\varphi(O) \cdot \varphi(O) = O \cdot O = 0$，所以 $\varphi(O) = O$. 等式 (1.10.1) 说明 φ 是等距映射.

(ii)⇔(iii): 如果 φ 保持内积不变，我们来说明 φ 是线性映射，从而 φ 是正交变换. 任取 $P, Q \in \mathbb{R}^2$，考察内积

$$(\varphi(P + Q) - \varphi(P) - \varphi(Q)) \cdot (\varphi(P + Q) - \varphi(P) - \varphi(Q))$$
$$= \varphi(P+Q) \cdot \varphi(P+Q) + \varphi(P) \cdot \varphi(P) + \varphi(Q) \cdot \varphi(Q) - 2\varphi(P+Q) \cdot \varphi(P) -$$
$$\quad 2\varphi(P+Q) \cdot \varphi(Q) + 2\varphi(P) \cdot \varphi(Q)$$

$$= (P+Q) \cdot (P+Q) + P \cdot P + Q \cdot Q - 2(P+Q) \cdot P - 2(P+Q) \cdot Q + 2P \cdot Q$$
$$= ((P+Q) - P - Q) \cdot ((P+Q) - P - Q)$$
$$= 0,$$

所以有 $\varphi(P+Q) - \varphi(P) - \varphi(Q) = 0$，即 $\varphi(P+Q) = \varphi(P) + \varphi(Q)$. 类似地，对 $k \in \mathbb{R}$，考察 $\varphi(kP) - k\varphi(P)$ 与自身的内积，我们有 $\varphi(kP) = k\varphi(P)$. 以上说明 φ 是线性映射. 反过来，如果 φ 是正交变换，自然保持内积不变. □

设 φ 是保持原点不动的等距映射，则 φ 是正交变换. 取 $\mathbb{R}^2$ 上的标准正交基 e_1, e_2，则 φ 在 e_1, e_2 下的矩阵是正交矩阵. 若 φ 的矩阵的行列式为 1 则称 φ 为**保定向等距**，行列式为 -1 的 φ 称为**反转定向等距**. 在平面上取右手坐标系 (e_1, e_2)，等距 φ 保定向的直观含义就是 $(\varphi(e_1), \varphi(e_2))$ 还是右手坐标系，反转定向的直观含义就是 $(\varphi(e_1), \varphi(e_2))$ 变成了左手坐标系. 反射即为反转定向等距，更直观的理解是当你站到镜子面前，你与你的镜像看起来完全一样，但有一点不同是你与镜像中的左右手是互换的.

平面上的所有等距变换记为 $\mathrm{Isom}(\mathbb{R}^2)$；保持原点 O 不动 ($\varphi(O) = O$) 的所有等距变换称为平面的**正交变换群**，记为 $O_2(\mathbb{R}^2)$.

推论 1.10.4　任意 $\varphi \in \mathrm{Isom}(\mathbb{R}^2)$ 是 $\mathbb{R}^2$ 上的双射. 实际上，φ 可唯一表成正交变换与平移的合成.

证明　设 O 是 $\mathbb{R}^2$ 的原点，$\varphi(O) = U$. 那么 $\mathbb{R}^2$ 的平移映射 t_{-U} 是双射，其逆映射是 t_U. 因为 $t_{-U} \circ \varphi(O) = t_{-U}(U) = U - U = O$，并且 $t_{-U} \circ \varphi$ 仍是等距映射，所以由定理 1.10.3 知映射 $\theta := t_{-U} \circ \varphi$ 是正交变换. 取 $e_1 = (1,0), e_2 = (0,1)$，则 $\mathbb{R}^2$ 的点可表为 $ae_1 + be_2$，这里 $a, b \in \mathbb{R}$. 因 θ 是正交变换，故 $\theta(e_1), \theta(e_2)$ 是 $\mathbb{R}^2$ 的基. 定义映射

$$\psi : \mathbb{R}^2 \to \mathbb{R}^2, \quad a\theta(e_1) + b\theta(e_2) \mapsto ae_1 + be_2.$$

任取 $ae_1 + be_2 \in \mathbb{R}^2$，则 $\psi \circ \theta(ae_1 + be_2) = \psi(a\theta(e_1) + b\theta(e_2)) = ae_1 + be_2$. 反之，任取 $a\theta(e_1) + b\theta(e_2) \in \mathbb{R}^2$，则 $\theta \circ \psi(a\theta(e_1) + b\theta(e_2)) = \theta(ae_1 + be_2) = a\theta(e_1) + b\theta(e_2)$. 以上等式说明 $\theta \circ \psi = \psi \circ \theta = \mathrm{id}_{\mathbb{R}^2}$，所以 θ 是双射，进而 $\varphi = t_U \circ \theta$ 也是双射. 这里 $\varphi = t_U \circ \theta$ 是唯一表示的，这是因为如果有 $\varphi = t_{U_1} \circ \theta_1$，那么 $\theta_1 = t_{-U_1} \circ \varphi$. 由 $\theta_1(O) = t_{-U_1}(U) = U - U_1 = O$ 知 $U = U_1$，所以 $\theta = \theta_1$. □

命题 1.10.5　$\mathrm{Isom}(\mathbb{R}^2)$ 与 $O_2(\mathbb{R})$ 在映射合成运算下是群.

证明　下说明 $\mathrm{Isom}(\mathbb{R}^2)$ 是群. 显然 $\mathrm{id}_{\mathbb{R}^2}$ 是等距变换，故 $\mathrm{id}_{\mathbb{R}^2} \in \mathrm{Isom}(\mathbb{R}^2)$. 若 $\varphi \in \mathrm{Isom}(\mathbb{R}^2)$，则 φ 是双射，故有逆映射 φ^{-1}. 任取平面的点 P, Q，由于

$$|P-Q| = |\varphi(\varphi^{-1}(P)) - \varphi(\varphi^{-1}(Q))| = |\varphi^{-1}(P) - \varphi^{-1}(Q)|,$$

故 $\varphi^{-1} \in \mathbf{Isom}(\mathbb{R}^2)$.

令 φ, φ' 是等距变换. 则有

$$|(\varphi\varphi')(P) - (\varphi\varphi')(Q)| = |\varphi(\varphi'(P)) - \varphi(\varphi'(Q))|$$
$$= |\varphi'(P) - \varphi'(Q)|$$
$$= |P - Q|.$$

从而, $\varphi\varphi' \in \mathbf{Isom}(\mathbb{R}^2)$. 映射合成自然满足结合律. 综上, $\mathbf{Isom}(\mathbb{R}^2)$ 是群.

类似地, 可证明 $O_2(\mathbb{R})$ 是群. □

定理 1.10.6 行列式为 1 的二阶正交矩阵 $\boldsymbol{R}$ 可表示为

$$\boldsymbol{R} = \begin{pmatrix} \cos\theta & -\sin\theta \\ \sin\theta & \cos\theta \end{pmatrix},$$

其中 $\boldsymbol{R}$ 的几何含义为将平面沿原点逆时针转 θ 角.

行列式为 -1 的二阶正交矩阵 $\boldsymbol{S}$ 可表示为

$$\boldsymbol{S} = \begin{pmatrix} \cos\theta & -\sin\theta \\ \sin\theta & \cos\theta \end{pmatrix} \begin{pmatrix} 1 & 0 \\ 0 & -1 \end{pmatrix}.$$

记 $\boldsymbol{P} = \left(\cos\left(\dfrac{\theta}{2}\right), \sin\left(\dfrac{\theta}{2}\right)\right)$, 则 $\boldsymbol{S}$ 的几何含义是平面关于直线 ℓ_{OP} 的反射.

证明 设 $\boldsymbol{A} = (\boldsymbol{a}_1, \boldsymbol{a}_2)$ 是正交矩阵, 其中 $\boldsymbol{a}_j, = 1, 2$ 是 $\mathbb{R}$ 的列向量. 由 $\boldsymbol{A}^\mathrm{T}\boldsymbol{A} = \boldsymbol{I}_2$, 这里 $\boldsymbol{I}_2$ 是 2 阶单位矩阵, 我们有 $\boldsymbol{a}_j^\mathrm{T} \cdot \boldsymbol{a}_j = 1$, $j = 1, 2$ 并且 $\boldsymbol{a}_i^\mathrm{T} \cdot \boldsymbol{a}_j = 0$, $i \neq j$. 因此可设

$$\boldsymbol{A} = \begin{pmatrix} \cos\theta & x \\ \sin\theta & y \end{pmatrix}.$$

进而, 有方程

$$\begin{cases} x\cos\theta + y\sin\theta = 0, \\ x^2 + y^2 = 1. \end{cases}$$

解得 $x^2 = \sin^2\theta$, $y^2 = \cos^2\theta$. 如果 $\det \boldsymbol{A} = 1$, 则 $\boldsymbol{A} = \boldsymbol{R}$; 如果 $\det \boldsymbol{A} = -1$, 则 $\boldsymbol{A} = \boldsymbol{S}$.

将平面的点 Q 用坐标表示为 $(r\cos\alpha, r\sin\alpha)^\mathrm{T}$, 其中 $|OP| = r$, α 是 $\overrightarrow{OQ}$ 与 $\boldsymbol{e}_1$ 的夹角. 那么

$$\begin{pmatrix} \cos\theta & -\sin\theta \\ \sin\theta & \cos\theta \end{pmatrix} \begin{pmatrix} r\cos\alpha \\ r\sin\alpha \end{pmatrix} = \begin{pmatrix} r(\cos\theta\cos\alpha - \sin\theta\sin\alpha) \\ r(\sin\theta\cos\alpha + \cos\theta\sin\alpha) \end{pmatrix} = \begin{pmatrix} r\cos(\alpha+\theta) \\ r\sin(\alpha+\theta) \end{pmatrix}.$$

因此, $\boldsymbol{R}$ 将平面的点 Q 沿原点逆时针转 θ 角.

正交矩阵 $\boldsymbol{S}$ 的特征多项式 λ^2-1, 故特征根是 ± 1. 向量 $\left(\cos\left(\dfrac{\theta}{2}\right),\sin\left(\dfrac{\theta}{2}\right)\right)^{\mathrm{T}}$ 是相伴于特征根 1 的单位特征向量, 这是因为

$$\begin{pmatrix} \cos\theta & \sin\theta \\ \sin\theta & -\cos\theta \end{pmatrix} \begin{pmatrix} \cos\left(\dfrac{\theta}{2}\right) \\ \sin\left(\dfrac{\theta}{2}\right) \end{pmatrix} = \begin{pmatrix} \cos\left(\dfrac{\theta}{2}\right) \\ \sin\left(\dfrac{\theta}{2}\right) \end{pmatrix}.$$

因此, $\boldsymbol{S}$ 固定直线 ℓ_{OP} 不动. 向量 $\left(\cos\left(\dfrac{\theta+\pi}{2}\right),\sin\left(\dfrac{\theta+\pi}{2}\right)\right)^{\mathrm{T}}$ 是相伴于特征根 -1 的单位特征向量. 因此, $\boldsymbol{S}$ 是关于直线 ℓ_{OP} 的反射. □

例 1.10.7 (i) 给定一个角 θ, 关于原点逆时针**转动**θ 的等距记为 $\boldsymbol{R}_\theta$ 如图 1.5 所示.

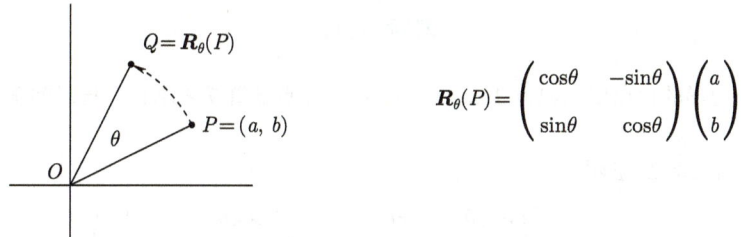

图 1.5 旋转及其矩阵表示

(ii) 关于 x 轴的**反射**r, 即以 x 轴为镜面的反射. 对任意点 $P=(a,b)$, 其关于 x 轴的镜像 $Q=(a,-b)$, 如图 1.6 所示.

$$r(P) = \begin{pmatrix} 1 & 0 \\ 0 & -1 \end{pmatrix} \begin{pmatrix} a \\ b \end{pmatrix}$$

图 1.6 沿 x 轴反射及其矩阵表示

(iii) 沿向量 $\boldsymbol{k}=(k_1,k_2)$ 的**平移**$t_{\boldsymbol{k}}$: $t_{\boldsymbol{k}}(P) = P + \boldsymbol{k} = (a+k_1, b+k_2)$.

对于平面上的等矩，可以有更精确的刻画. 代数上的刻画如下:

定理 1.10.8 设 φ 是平面上的等距变换. 存在由 φ 唯一确定的向量 $\boldsymbol{v}$ 和角度 θ, 使得
$$\varphi = t_{\boldsymbol{v}} \boldsymbol{R}_\theta, \quad \text{或} \quad \varphi = t_{\boldsymbol{v}} \boldsymbol{R}_\theta r,$$
其中 $\boldsymbol{v}, \theta$ 可能是 $\boldsymbol{O}$ 或 0, 等距 $t_v, \boldsymbol{R}_\theta, r$ 为例 1.10.7 中所述.

证明 由推论 1.10.4 知, 任意等距 φ 可唯一表示成 $\varphi = t_{\boldsymbol{v}} \boldsymbol{A}$, 其中 t_v 是关于向量 $\boldsymbol{v}$ 的平移, $\boldsymbol{A}$ 是正交变换. 由定理 1.10.6 知, $\boldsymbol{A}$ 是 $\boldsymbol{R}_\theta$ 或 $\boldsymbol{R}_\theta r$. □

对于平面上的等距, 几何上的刻画如下:

定理 1.10.9 [1, 定理 6.3.4] 平面的每个等距一定是下面形式之一:

(i) 保定向等距
  i) 平移: 沿向量 $\boldsymbol{v}$ 的平移.
  ii) 旋转: 平面绕某点转动角度 θ.

ii) 反转定向等距
  i) 反射: 关于某直线 ℓ 的双侧对称.
  ii) 滑移反射: 关于直线 ℓ 反射, 然后沿平行于 ℓ 的非零向量平移.

习题 1.10

1. 正 n 边形的顶点依次记为 $1, 2, \cdots, n$. 试用顶点的置换表示正三角形和正方形的二面体群.

2. (a) 对 $k \geqslant 1$, 证明
$$\begin{pmatrix} \cos\theta & -\sin\theta \\ \sin\theta & \cos\theta \end{pmatrix}^k = \begin{pmatrix} \cos k\theta & -\sin k\theta \\ \sin k\theta & \cos k\theta \end{pmatrix}$$

   (b) 找出特殊正交群 $SO_2(\mathbb{R})$ (即行列式为 1 的所有正交矩阵构成的群) 中的所有有限阶元.

3. 证明: 一个二阶正交矩阵 $\boldsymbol{A}$ 在平面上的作用是反射当且仅当 $\boldsymbol{A}$ 的特征值是 $1, -1$.

4. 令 m 是反向等距. 用代数方法证明 m^2 是一个平移.

5. 令 s 是平面上绕点 $(1,1)^t$ 转过角度 $\pi/2$ 的旋转. 写出 s 作为 $t_{\boldsymbol{v}} \boldsymbol{R}_\theta$ 的公式.

6. 写出正五角星的等距群.

第 2 章

环　论

环论起初源自对域上的多项式环和数域的代数整数环的研究. 希尔伯特 (D. Hilbert, 1862—1943) 于 1897 年出版的《数论报告》中首次引进了环的术语, 即数环. 然而直至 20 世纪 20 年代, 环的抽象定义才得以出现. 诺特 (E. Noether, 1882—1935) 于 1921 年在其著名论文《环的理想理论》中建立了交换环的公理. 非交换的典型例子自然是域上的 n 阶矩阵环, 在环论抽象化的开始就被吸收进来. 非交换环的另外一个典型的来源是将复数推广到超复数的情形, 这其中著名的是哈密顿四元数, 其进一步的推广就是除环的概念. 交换与非交换是环的本质不同特征, 它们在某处汇合之时便会迸发出新的源泉.

2.1 环的概念

环是具有加法和乘法两种运算的代数结构, 满足结合律、分配律等. 概念如下

定义 2.1.1 （含幺）**环**是带有加法 "+" 与乘法 "·" 的集合 R, 其中

1. $(R, +)$ 是交换群 (或称为加法群), 加法幺元记为 0;
2. 乘法运算 $\cdot : R \times R \to R$ 简记为 $a \cdot b = ab$, 满足下述性质: 对所有 $a, b, c \in R$,
    (i) $a(b+c) = ab + ac$, $(b+c)a = ba + ca$ (分配律, 或称双线性);
    (ii) $a(bc) = (ab)c$ (乘法结合律);
3. 存在元素 $1 \in R$ 使得对所有 $a \in R$ 皆有 $a \cdot 1 = a = 1 \cdot a$, 称作 R 的 (乘法) 幺元.

除去和幺元相关性质得到的 R 称作无幺环. 若乘法满足交换律, 即对任意 $a, b \in R$ 皆有 $ab = ba$, 则 R 称为**交换环**.

例 2.1.2 (i) 数集 $\mathbb{Z}, \mathbb{Q}, \mathbb{R}, \mathbb{C}$ 关于数的加法和乘法都构成交换环.

(ii) 令 $\mathbb{Z}[i] := \{a + bi : a, b \in \mathbb{Z}\}$, 其中 $i = \sqrt{-1}$. 可以验证 $\mathbb{Z}[i]$ 是交换环, 称为**高斯整数环**.

(iii) 非交换环的基本例子是矩阵环: 设 $n \in \mathbb{Z}_{\geqslant 1}$ 而 F 为域, 定义矩阵环

$M_n(F)$, 其元素为 $n \times n$ 阶矩阵

$$(a_{ij})_{1 \leqslant i,j \leqslant n} = \begin{pmatrix} a_{11} & \cdots & a_{1n} \\ \vdots & & \vdots \\ a_{n1} & \cdots & a_{nn} \end{pmatrix}, \quad \forall i,j, a_{ij} \in F$$

加法, 乘法定义为习见的矩阵运算. 可以验证当 $n \geqslant 2$ 时, $M_n(F)$ 是非交换环.

(iv) 设 $(A, +)$ 为交换群, 则 A 的自同态集 $\mathrm{End}(A)$ 具有自然的环结构: 自同态的合成给出乘法 $\phi\psi = \phi \circ \psi$, 其中 $\phi, \psi \in \mathrm{End}(A)$, 而加法可以 "逐点地" 定义成

$$\phi + \psi : a \longmapsto \phi(a) + \psi(a).$$

容易验证这使 $(\mathrm{End}(A), +, \cdot)$ 成环, 幺元是 id_A.

(v) 实轴上的全体连续函数 $C(\mathbb{R})$, 对任意 $f, g \in C(\mathbb{R})$, "逐点地" 定义加法和乘法如下

$$f + g : a \longmapsto f(a) + g(a); \qquad f \cdot g : a \longmapsto f(a) \cdot g(a).$$

易验证 $(C(\mathbb{R}), +, \cdot)$ 构成环, 幺元是常值映射 1.

命题 2.1.3 设 R 是环, 加法幺元是 0. 对任意 $a, b \in R$ 有

(i) $0a = a0 = 0$.

(ii) $a(-b) = (-a)b = -(ab)$.

(iii) $(-a)(-b) = ab$.

证明 (i) 首先由 $0 + 0 = 0$, 两边右侧同时乘以 a, 再利用分配律得到

$$0a + 0a = 0a.$$

两边同时加上 $0a$ 的加法逆元 (也称**负元**) $-0a$, 则有 $0a = 0$. 同理可得 $a0 = 0$.

(ii) 记 $-b$ 是 b 的负元, 那么

$$0 = a0 = a(b + (-b)) = ab + a(-b).$$

上式表明 $a(-b)$ 是 ab 的负元, 即 $a(-b) = -(ab)$. 同理由

$$0 = 0b = (a + (-a))b,$$

可得 $(-a)b = -(ab)$.

(iii) 在 (ii) 的等式中用 $-a$ 代替 a 则有

$$(-a)(-b) = (-(-a))b.$$

我们知道, 群中元素 a 的逆元再取逆就是它本身, 应用到这里便是 a 的负元的负元就是 a. 从而, 我们得到 $(-a)(-b) = ab$. □

定义 2.1.4 环 R 中 $1 = 0$ 的环称之为**零环**.

由以上定理知零环仅有一个元素 0. 不做特别说明, 对环 R 我们均指其 $1 \neq 0$.

定义 2.1.5 环 R 的子集 S 称为**子环**, 若其满足以下条件

(i) $1 \in S$;

(ii) 对任意 $a, b \in S$, 皆有 $a - b \in S$;

(iii) 对任意 $a, b \in S$, 亦有 $ab \in S$.

实际上, 就是 R 的子集 S 也关于运算 $(+, \cdot)$ 构成环, 并且与 R 有相同的乘法幺元 1.

例 2.1.6 设整数 $n \geqslant 3$, 记 $\zeta_n = e^{2\pi i/n}$ 是 n 次单位根. 定义

$$\mathbb{Z}[\zeta_n] = \{z \in \mathbb{C}: z = a_0 + a_1\zeta_n + \cdots + a_{n-1}\zeta_n^{n-1}, \forall i, a_i \in \mathbb{Z}\}.$$

当 $n = 4$ 时, $\mathbb{Z}[\zeta_4]$ 即高斯整数环 $\mathbb{Z}[i]$. 容易验证 $\mathbb{Z}[\zeta_n]$ 是 $\mathbb{C}$ 的子环. 这里 $\mathbb{Z}[\zeta_n]$ 对乘法的封闭性是基于以下事实: 若 $m \geqslant n$, 则有 $m = qn + r$, $0 \leqslant r < n$; 从而 $\zeta_n^m = \zeta_n^r$.

定义 2.1.7 设 R 是环, 取 $a \in R$. 若有 $b \in R$ 满足

$$ab = ba = 1,$$

则称 a 是**单位** (或称可逆元), 称 b 是 a 的**逆元**. R 中所有的单位构成群, 称之为**单位群**, 记作 $R^\times$.

例 2.1.8 (i) 设 F 是域, $M_n(F)$ 是 n 阶矩阵环, 则 $M_n(F)^\times$ 实际上就是一般线性群 $GL_n(F)$.

(ii) 整数环 $\mathbb{Z}$ 的单位群是 $\mathbb{Z}^\times = \{\pm 1\}$; 高斯整数环 $\mathbb{Z}[i]$ 的单位群是 $\mathbb{Z}[i]^\times = \{\pm 1, \pm i\}$. 一般地, $\mathbb{Z}[\zeta_n]$ 的单位群未必有限, 但一定是有限生成的, 其具体的群结构有所谓的狄利克雷 (Dirichlet) 定理, 详见文献 [19] 中的定理 6.86.

定义 2.1.9 环 R 中的元素 a 称为**左 (右) 零因子**, 如果有 R 中非零元素 b 使得 $ab = 0$ $(ba = 0)$. 左零因子和右零因子统称为零因子.

例 2.1.10 2 阶矩阵环 $M_2(\mathbb{Z})$ 中元素 $\begin{pmatrix} 1 & 0 \\ 0 & 0 \end{pmatrix}$ 便是零因子.

定义 2.1.11　无非零的零因子的交换环称为**整环**.

例 2.1.12　(i) 整数环 $\mathbb{Z}$, 代数整数环 $\mathbb{Z}[\zeta_n]$ 均是整环.

(ii) 复系数多项式环 $\mathbb{C}[X]$ 是整环.

定义 2.1.13　若环 R 中每个非零元皆可逆, 则称 R 为**除环** (或称体、斜域). 交换除环称为**域**.

域必然是整环. 整环的子环也是整环.

例 2.1.14（有限域）　设 $\mathbb{F}_q$ 是含有 q 个元素的域, 则 q 必是某个素数 p 的幂, 详见例 2.3.6.

例 2.1.15（四元数）　考虑以 $1, i, j, k$ 为基的实向量空间 $\mathbb{H} := \mathbb{R}1 \oplus \mathbb{R}i \oplus \mathbb{R}j \oplus \mathbb{R}k$. 其上具有良定义的乘法使得 $\mathbb{H}$ 构成环并满足:

(i) 乘法 $(x, y) \mapsto xy$ 是 $\mathbb{H}$ 上的双线性映射;

(ii) 1 是乘法单位元, 故我们可将 $\mathbb{R}$ 等同于 $\mathbb{R} \cdot 1$;

(iii) $i^2 = j^2 = -1$;

(iv) $ij = k = -ji$.

由此可以推导出 $k^2 = -1$, $jk = i = -kj$, $ki = j = -ik$. 此外亦可将复数域 $\mathbb{C} = \mathbb{R} \oplus \mathbb{R}i$ 嵌入 $\mathbb{H}$. 另外一种看法是考虑实向量空间

$$\mathbb{H}' := \mathbb{R}\begin{pmatrix} 1 & 0 \\ 0 & 1 \end{pmatrix} \oplus \mathbb{R}\begin{pmatrix} i & 0 \\ 0 & -i \end{pmatrix} \oplus \mathbb{R}\begin{pmatrix} 0 & 1 \\ -1 & 0 \end{pmatrix} \oplus \mathbb{R}\begin{pmatrix} 0 & i \\ i & 0 \end{pmatrix},$$

其中 $\mathrm{i} = \sqrt{-1}$. 本质上, $\mathbb{H}'$ 与 $\mathbb{H}$ 是一样的, 或者说是同构的. 此角度或许更易于接受.

下面验证 $\mathbb{H}$ 是除环: 如定义共轭运算

$$z = a + bi + cj + dk \longmapsto \bar{z} = a - bi - cj - dk,$$

则有性质 $\overline{zw} = \bar{w}\bar{z}$, $z\bar{z} = \bar{z}z = a^2 + b^2 + c^2 + d^2 \in \mathbb{R}$, 由此可得

$$z^{-1} = \underbrace{(a^2 + b^2 + c^2 + d^2)}_{\neq 0}{}^{-1}\bar{z}, \quad z \in \mathbb{H} \smallsetminus \{0\}.$$

例 2.1.16（四元数代数）　取有理数域 $\mathbb{Q}$ 上非零元素 a, b. 设 $\mathbb{Q}$ 上四维向量空间 $A(a, b, \mathbb{Q})$ 以 $1, \alpha, \beta, \alpha\beta$ 为基底, 按如下方式乘法

$$\alpha^2 = a, \ \beta^2 = b, \ \alpha\beta = -\beta\alpha,$$

使其构成环, 称之为 $\mathbb{Q}$ 上四元数代数. 按此记号, 哈密顿四元数为 $\mathbb{H} = A(-1, -1, \mathbb{R})$. 一个有意思的问题是 $A(a, b, \mathbb{Q})$ 是否一定是除环呢? 这个未必成立. 实际上有如

下有趣的结论: $A(a,b,\mathbb{Q})$ 是除环当且仅当二次方程 $ax^2 + by^2 = 1$ 不存在有理数解, 即方程不存在 x,y 均是有理数的解. 详见文献 [19] 中的命题 8.16.

命题 2.1.17 有限环 D 若无非零的零因子, 则 D 必为除环.

证明 任取 $a \in D, a \neq 0$, 则由题设知 a 不是零因子. 考虑左乘 a 的映射

$$f: D \to D, \quad x \mapsto ax.$$

若 $f(x) = f(y)$, 即 $ax = ay$, 那么我们有 $a(x-y) = 0$. 因为 a 不是零因子, 所以 $x - y = 0$, 即 $x = y$, 这说明 f 是单射. 又因为 D 是有限环, 从而 f 是双射. 因此, 存在 $x \in D$ 使得 $ax = 1$. 同理, 如果映射 f 是通过右乘 a 得到, 则可以说明存在一个元素 $y \in D$ 满足 $ya = 1$. 进而,

$$x = 1 \cdot x = (ya)x = y(ax) = y.$$

因此, a 可逆, 这说明任意非零元素均可逆, 从而 D 是除环. □

推论 2.1.18 有限整环是域.

定理 2.1.19（Wedderburn 小定理） 有限除环必是域.

该定理的一个简洁而优美证明可见附录 B, 或参阅文献 [15] 中的定理 5.2.6 或 [17] 中的第 5 章, 是由 Ernst Witt 在 1931 年发现的. 核心想法是将线性代数和群论的方法结合在一起, 并巧妙地利用了分圆多项式的理论.

习题 2.1

1. 证明: 若环 R 的每个元素 x 都满足 $x^2 = x$, 则 R 交换. [提示] 先证明 $2x = 0$.
2. 设三次单位根 $\omega := \frac{-1+\sqrt{-3}}{2}$.
   (a) 验证 $\mathbb{Z}[\omega] = \mathbb{Z} \oplus \mathbb{Z}\omega$ 是 $\mathbb{C}$ 的子环, 对共轭封闭.
   (b) 求其单位群 $\mathbb{Z}[\omega]^\times$.
3. 环 R 中的元素 a 称为**幂零的**, 如果存在正整数 n 使得 $a^n = 0$. 设 R 是交换环, a,b 皆为幂零元.
   (a) 证明: $a+b$ 也是幂零元.
   (b) 证明: $1+a$ 是可逆元.
4. 设 D 是除环, $a,b \in D^\times$ 且 $ab \neq 1$. 证明: **华罗庚恒等式**

$$a - (a^{-1} + (b^{-1} - a)^{-1})^{-1} = aba.$$

   [提示] 先证明对 $x \neq 0, 1$ 有 $(x^{-1} - 1)^{-1} = (1-x)^{-1} - 1$.
5. 设 $\mathbb{F}_2$ 是二元域. 定义 M_2 为如下矩阵构成的环 $M_2 = \left\{ \begin{pmatrix} a & b \\ b & a+b \end{pmatrix} : a,b \in \mathbb{F}_2 \right\}.$

(a) 证明: M_2 关于矩阵的加法和乘法构成交换环.
(b) 证明: M_2 是有 4 个元素的域.
(c) 是否有限域 $\mathbb{F}_{2^n}$ 总可以嵌入 n 阶矩阵环 $M_n(\mathbb{F}_2)$?

6. 设 $\mathbb{H}$ 是四元数, 说明方程 $x^2 + 1 = 0$ 在 $\mathbb{H}$ 中有无穷个根.

7. 有限域 $\mathbb{F}_p$ 有 p 个元素. 计算
    (a) 环 $M_n(\mathbb{F}_p)$ 中元素的个数.
    (b) 群 $GL_n(\mathbb{F}_p)$ 中元素的个数.

8. 设 G 是群, 定义 $\mathcal{F}(G, R) := \{f : G \to R,\ f$ 仅对有限多 $z \in G$ 使得 $f(z) \neq 0\}$ 是 G 到 R 的函数的集合. $\mathcal{F}(G, R)$ 有自然的加法 $+$, 即取 $f, g \in \mathcal{F}(G, R)$, 则 $f + g : G \to R,\ z \mapsto f(z) + g(z)$ 定义了加法. 定义其乘法 $*$ 为

$$f * g(z) = \sum_{xy=z} f(x)g(y).$$

此乘积称为**卷积**. 这与分析中 $\mathbb{R}$ 上两个绝对可积的函数 f, g 的卷积

$$f * g(x) := \int_{\mathbb{R}} f(x-y)g(y)\mathrm{d}y$$

的思想实质是一致的. 证明: $\mathcal{F}(G, R)$ 构成环.

2.2 环同态与理想

环具有两种运算, 所以比较不同环的结构自然是保持两种运算的映射, 即环同态. 在环理论的抽象化之前, 其构造以及理想的构造皆已出现. 历史上, 理想最初源自库默尔 (E. E. Kummer, 1810—1893) 研究费马 (P. Fermat, 1601—1665) 大定理时引入的理想数, 目的是考虑代数整数环 $\mathbb{Z}[\zeta_n]$ 的唯一因子分解性质. 戴德金 (J. W. R. Dedekind, 1831—1916) 以现代的方式重新处理, 即今所谓的理想. 理想的地位恰似正规子群之于群, 可以类比学习.

定义 2.2.1 设 R, S 为环, 映射 $\varphi : R \to S$ 若满足下列条件则称为**环同态**: 对所有 $a, b \in R$
(i) $\varphi(a + b) = \varphi(a) + \varphi(b)$, 这相当于说 φ 是加法群的同态;
(ii) $\varphi(ab) = \varphi(a)\varphi(b)$;
(iii) $\varphi(1_R) = 1_S$, 以上两条相当于说 φ 是乘法幺半群的同态.

若 φ 还是双射, 则称其为**环同构**. 如去掉与 $1_R, 1_S$ 相关的条件, 就得到无幺环之间的同态概念.

由于环同态 φ 是加法群同态, 因此有 $\varphi(0) = 0$ 及 $\varphi(-a) = -\varphi(a), \forall a \in R$.

例 2.2.2 (i) 设 $\rho : \mathbb{C} \to \mathbb{C},\ a + bi \mapsto a - bi$ 是复共轭. 可以验证 ρ 是同构.

(ii) 设 $f: \mathbb{Z} \to R$, 满足: 当 $n > 0$ 时, $f(n) = \underbrace{1_R + 1_R + \cdots + 1_R}_{n \text{ 个}}$; 当 $n = 0$ 时, $f(0) = 0_R$; 当 $n < 0$ 时, $f(n) = -f(-n)$. 容易验证 f 是一个环同态.

实际上, 整数环 $\mathbb{Z}$ 到任意环 R 的环同态是唯一的, 这是因为任意两个环同态 f_1, f_2 都满足 $f_1(1) = f_2(1) = 1_R$ 容易推导出 $f_1(n) = f_2(n)$.

定义 2.2.3 设 $\varphi: R \to S$ 是环同态. 其**核**定义为

$$\ker \varphi := \{r \in R: \varphi(r) = 0\},$$

其**像**定义为

$$\operatorname{im} \varphi := \{s \in S: \text{存在某个 } r \in R \text{ 使得 } s = \varphi(r).\},$$

φ 也是加群的同态, 如忽略环的乘法, 上述定义与加群的核与像别无二致.

命题 2.2.4 设 $\varphi: R \to S$ 是环同态. 则 $\operatorname{im} \varphi$ 是 S 的子环, $\ker \varphi$ 是 R 的子加群, 且满足

$$\forall\, x \in \ker \varphi,\; r \in R, \text{ 皆有 } xr, rx \in \ker \varphi.$$

证明 $\operatorname{im} \varphi$ 是 S 的子环可通过定义 2.1.5 直接验证. 因 φ 也是加群的同态, 故 $\ker \varphi$ 是 R 的子加群. 对任意 $x \in \ker \varphi$, $r \in R$, 我们有 $\varphi(xr) = \varphi(x)\varphi(r) = 0$, 因此 $xr \in \ker \varphi$. 同理也有 $rx \in \ker \varphi$. □

设 R 为环, $I \subset R$ 为加法子群. 记

$$rI := \{ra : a \in I\} \subset R,$$

$$Ir := \{ar : a \in I\} \subset R,$$

两者皆为 R 的加法子群. 我们结合环同态核的性质提炼出以下定义.

定义 2.2.5 设 R 为环, $I \subset R$ 为加法子群.
(i) 若对每个 $r \in R$ 皆有 $rI \subset I$, 则称 I 为 R 的**左理想**;
(ii) 若对每个 $r \in R$ 皆有 $Ir \subset I$, 则称 I 为 R 的**右理想**;
(iii) 若 I 兼为左、右理想, 则称作**双边理想**, 简称为理想.

满足 $I \neq R$ 的左、右或双边理想称为真理想. 交换环的左、右理想不区分, 皆为理想.

例 2.2.6 (i) 设 $\{I_t : t \in T\}$ 是 R 的一族理想, 则其交 $\bigcap_{t \in T} I_t$ 是 R 的理想.
(ii) 设 R 是交换环, 取 $b_1, \cdots, b_n \in R$, 则其所有线性组合

$$I := \{r_1 b_1 + \cdots + r_n b_n : \forall\, i, r_i \in R\},$$

是 R 的理想.

定义 2.2.7 设 A 是环 R 的非空子集. 环 R 包含 A 的所有理想的交称为**由 A 生成的理想**, 记作 $\langle A \rangle$. 若 $A = \{a_1, \cdots, a_n\}$ 是有限集, 则称 $\langle A \rangle$ 是**有限生成的**, 记为 $\langle a_1, \cdots, a_n \rangle$, 对于交换环的情形常以 $(a_1, \cdots, a_n)$ 代之. 由一个元素 a 生成的理想 $\langle a \rangle$ 称为**主理想**.

例 2.2.8 (i) 整数环 $\mathbb{Z}$ 任一理想 I 均是主理想. 若 $I \neq 0$, 考虑 $I \cap \mathbb{Z}_{\geqslant 1}$ 的最小元 m, 则 $I = \langle m \rangle$.

(ii) 设 R 是含幺环, 未必交换, $a \in R$. 则 $\langle a \rangle = \left\{ \sum_{i=1}^{n} x_i a y_i : x_i, y_i \in R, n \in \mathbb{Z}_{\geqslant 1} \right\}$.

定义 2.2.9 设 I, J 是环 R 的两个理想. 定义**理想的和**为
$$I + J := \{x + y : x \in I, y \in J\}.$$

定义**理想的积**为
$$IJ := \{x_1 y_1 + \cdots + x_n y_n : x_i \in I, y_i \in J, n \in \mathbb{Z}_{\geqslant 1}, \forall\, i = 1, \cdots, n\}.$$

以上定义的理想的和与积也都是理想. 一般地, 对于理想 I, J 仅考虑乘积的集合 $\{xy : x \in I, y \in J\}$ 未必构成理想, 因其对加法不一定封闭, 现举一例说明. 考虑实系数 $\mathbb{R}$ 上的二元多项式环 $\mathbb{R}[X, Y]$, 可参看例 2.4.1. 取理想 $I = J = (X, Y)$, 则 $I^2 = (X^2, XY, Y^2)$. 显然 $X^2 + Y^2$ 不能写成 I 中两个元素的乘积, 因为它在 $\mathbb{R}[X, Y]$ 是不可约多项式.

理想的和与积具有以下简单的性质

命题 2.2.10 设 I, J, K 是环 R 的理想. 则
$$IJ \subset I \cap J \subset I + J,$$
$$(I + J)K = IK + JK, \quad K(I + J) = KI + KJ,$$
$$I(JK) = (IJ)K.$$

证明 第一行与第三行关系式很容易得到, 我们来看一下中间的等式. 因为 $I + J \supseteq I$ 并且 $I + J \supseteq J$, 所以我们有 $(I + J)K \supseteq IK + JK$. 反之, $(I + J)K$ 是由集合 $\{(x + y)z : x \in I, y \in J, z \in K\}$ 生成, 而 $(x + y)z = xz + yz \in IK + JK$, 故有 $(I + J)K \subseteq IK + JK$. 综上得 $(I + J)K = IK + JK$. 另一个关系式可类似说明. □

利用最后一条结合律, 可定义有限多个理想的积 $I_1 \cdots I_n$; 理想 I 的幂次可递归地按 $I^0 = R$ 和 $I^k = I \cdot I^{k-1}$ 来定义, 此处 $k \in \mathbb{Z}_{\geqslant 1}$.

习题 2.2

1. 设 R 是交换环. 证明: R 中所有的幂零元 (见习题 2.1 第 3 题) 构成理想.
2. 设 R 是交换环, I 是其理想. 定义 $\sqrt{I} := \{x \in R : x^n \in I, n \in \mathbb{Z}_{\geqslant 0}\}$. 证明: $\sqrt{I}$ 是理想. 此理想称为 I 的**根理想**.
3. 设 $\mathbb{C}$ 是复数域, $\mathbb{H}$ 是四元数. 考虑映射 $f: \mathbb{C} \to \mathbb{H}$, $a + b\sqrt{-1} \mapsto a + bi + 0j + 0k$.
   (a) 证明: f 是嵌入, 即单同态.
   (b) 问 $\mathbb{C}$ 到 $\mathbb{H}$ 有多少不同的嵌入?
4. 设 $\mathbb{Z}$ 是整数环, m, n 是正整数. 令 $I_1 = m\mathbb{Z}, I_2 = n\mathbb{Z}$. 分别计算理想 $I_1 + I_2, I_1 I_2, I_1 \cap I_2$.
5. 设 $\psi : R \to S$ 是交换环之间的同态, $I = \ker \psi$, J 是 S 的理想. 证明: $\psi^{-1}(J) \supseteq I$ 并且是 R 的理想.
6. 设 R 是交换环. 证明: R 是域等价于 R 中仅有 R 和 0 这两个理想.
7. (a) 证明: 数域上的 n 阶矩阵或者是零因子, 或者是可逆元.
   (b) 数域上的 n 阶矩阵环的所有零因子是否构成理想?
8. 证明: 有理数域和实数域的自同构都只有恒等自同构.

2.3 商环与积环

设 R 为环, 类似于商群的构造, 当给定集合 R 上的等价关系 $\sim$, 试问在什么条件下能赋予 $R/\sim$ 典范的环结构, 使得商映射 $R \to R/\sim$, $r \mapsto [r]$ 为环同态? 环同态首先必是加法群的同态, 因而等价关系由一个加法子群 $I \subset R$ 确定, 使得对所有 $r, r' \in R$ 有

$$(r \sim r') \iff (r - r' \sim 0) \iff (r - r' \in I).$$

现在计入乘法, $\sim$ 要满足条件

$$(r \sim r') \text{ 且 } (s \sim s') \implies (rs \sim r's').$$

由环的公理易知 $rs - r's' = r(s - s') + (r - r')s'$. 因此我们的条件化归为 $\forall r \in R$, 有 $rI \subset I, Ir \subset I$. 由此可以看出, 满足此条件的加群 I 恰是环 R 的理想. 从而, 我们有商环的概念.

定义 2.3.1 设 I 为 R 的双边理想, 赋予加法群 R/I 乘法运算如下

$$(r + I) \cdot (s + I) := (rs + I), \quad r, s \in R.$$

则 R/I 构成一个环, 称为 R 模 I 的**商环** (或剩余类环). 商映射 $R \twoheadrightarrow R/I$ 称为**商同态**. 商环 R/I 中元素 $r + I$ 称为模 I 的**剩余类**.

例 2.3.2 取整数环 $\mathbb{Z}$ 的理想 $m\mathbb{Z}$, 其中 $m \geq 0$, 则有商环 $\mathbb{Z}/m\mathbb{Z}$. 剩余类环 $\mathbb{Z}/m\mathbb{Z}$ 是整环当且仅当 m 是素数或 $m = 0$. 这是因为 m 是素数或 $m = 0$ 时, $\mathbb{Z}/m\mathbb{Z}$ 没有非零零因子; 若 m 是合数, 则 $\mathbb{Z}/m\mathbb{Z}$ 含有非零零因子. 另外, 据推论 2.1.18可知, $\mathbb{Z}/m\mathbb{Z}$ 是域当且仅当 m 是素数.

定义 2.3.3 设 R 是非零环. 称满足 $p \cdot 1_R = 0$ 的最小正整数 p 为环 R 的**特征**, 记为 $\mathrm{char}(R)$. 若无正整数 p 使之成立, 则称其特征为零, 即 $\mathrm{char}(R) = 0$.

例 2.3.4 (i) 商环 $\mathbb{Z}/m\mathbb{Z}$ 的特征是 m.

(ii) 有限域 $\mathbb{F}_{p^n}$ (p 是素数) 的特征是 p, 参看例 2.3.6.

(iii) 有理数域 $\mathbb{Q}$ 的特征是 0.

定理 2.3.5 (环同态基本定理) 设 $\varphi : R \to R'$ 为环同态, 则 $\ker(\varphi) := \varphi^{-1}(0)$ 是 R 的双边理想, 且诱导同态 $\bar{\varphi} : R/\ker(\varphi) \to \mathrm{im}(\varphi)$, $\bar{r} = r + \ker(\varphi) \mapsto \varphi(r)$ 是环同构.

证明 由于 φ 也是群同态, 故有商群同构 $\bar{\varphi} : R/\ker(\varphi) \to \mathrm{im}(\varphi)$. 只需验证其保持乘法运算即可. 任取 $\bar{r}_1, \bar{r}_2 \in R/\ker(\varphi)$, 则

$$\bar{\varphi}(\bar{r}_1 \bar{r}_2) = \bar{\varphi}(\overline{r_1 r_2}) = \varphi(r_1 r_2) = \varphi(r_1)\varphi(r_2) = \bar{\varphi}(\bar{r}_1)\bar{\varphi}(\bar{r}_2).$$

以上表明 $\bar{\varphi}$ 保持乘法运算. 又因为 $\bar{\varphi}(\bar{1}_R) = \varphi(1_R) = 1_{R'}$, 所以 $\bar{\varphi}$ 是环同构. □

例 2.3.6 设 $\varphi : \mathbb{Z} \to \mathbb{F}_q$ 是整数环到有限域的环同态. 由定理 2.3.5 知有同构 $\mathbb{Z}/\ker\varphi \simeq \mathrm{im}\,\varphi$. 因域 $\mathbb{F}_q$ 的子环 $\mathrm{im}\,\varphi$ 是整环, 从而 $|\mathbb{Z}/\ker\varphi| = p$ 是素数. 记 $\mathbb{F}_p = \mathrm{im}\,\varphi$, 则 $\mathbb{F}_q$ 是 $\mathbb{F}_p$ 的有限维向量空间, 维数设为 n. 那么 $|\mathbb{F}_q| = p^n$.

任意环同态 $\varphi : R_1 \to R_2$, 理想间有相应的原像映射 (参考习题 2.2 第 5 题):

$$\{R_2 \text{的双边理想}\} \longrightarrow \{R_1 \text{的双边理想}\} \qquad (2.3.1)$$
$$I_2 \longmapsto \varphi^{-1}(I_2).$$

此映射满足

$$I_2 \subset I_2' \implies \varphi^{-1}(I_2) \subset \varphi^{-1}(I_2').$$

如取 φ 为子环的包含映射 $R_1 \hookrightarrow R_2$, 便得到 $I_2 \mapsto I_2 \cap R_1$. 下面考虑商同态或满同态的情形, 这与群的情形相仿 (命题 1.6.3), 证明也是类似的, 我们在此略去.

命题 2.3.7 设 $\varphi: R_1 \to R_2$ 是满的环同态. 则映射 (2.3.1) 诱导出双射

$$\{\text{双边理想 } I_1 \subset R_1 : I_1 \supset \ker(\varphi)\} \xleftrightarrow{1:1} \{\text{双边理想 } I_2 \subset R_2\}$$

$$I_1 \longmapsto \varphi(I_1)$$

$$\varphi^{-1}(I_2) \longmapsfrom I_2.$$

而且合成同态 $R_1 \xrightarrow{\varphi} R_2 \to R_2/I_2$ 诱导出环同构 $R_1/\varphi^{-1}(I_2) \xrightarrow{\sim} R_2/I_2$.

定义 2.3.8 设 $\{R_i : i = 1, \cdots, n\}$ 为一族环. 其**积环** $\prod_{i=1}^n R_i$ 在加法群的层次与定义 1.8.1 相同, 我们在 $\prod_{i=1}^n R_i$ 上定义乘法运算为

$$(r_1, \cdots, r_n) \cdot (s_1, \cdots, s_n) = (r_1 s_1, \cdots, r_n s_n).$$

换言之, $\prod_{i=1}^n R_i$ 同时是乘法幺半群的直积, 其幺元是 $(1_{R_1}, \cdots, 1_{R_n})$.

易证 $\prod_{i \in I} R_i$ 满足环的公理. 对每个 $j \in \{1, \cdots, n\}$, 投影映射 $(r_1, \cdots, r_n) \mapsto r_j$ 是 $\prod_{i=1}^n R_i$ 到 R_j 的环同态. 令 $R_i' = \{(0, \cdots, 0, r_i, 0, \cdots, 0) : r_i \in R_i\}$. 易知

(i) $\prod_{i=1}^n R_i = R_1' + \cdots + R_n'$.

(ii) R_i' 是 $\prod_{i=1}^n R_i$ 的一个理想, $R_i' \simeq R_i, i = 1, \cdots, n$.

(iii) $R_i' \cap \sum_{j \neq i} R_j' = 0$.

反之, 若环 R 有理想 $I_1, \cdots, I_n$ 满足上述三条性质, 则

$$R = I_1 \oplus \cdots \oplus I_n \simeq I_1 \times \cdots \times I_n,$$

其中直和即 R 中每个元素 r 可唯一写成 $r_1 + \cdots + r_n, r_i \in I_i, i = 1, \cdots, n$. 这实际上与群的直积的条件几乎一致. 借助定理 1.8.2 得到加群的同构, 然后再验证此同构保持乘法即可.

我们也可以从环中幂等元的角度考察交换环的直积.

定义 2.3.9 设环 R 中元素 e 称为**幂等元**, 如果其满足 $e^2 = e$.

命题 2.3.10 设交换环 R 中元素 $e_1, \cdots, e_n$ 均为幂等元, 并且满足

(i) $e_1 + \cdots + e_n = 1$;

(ii) $e_i e_j = 0$, $\forall i \neq j$; $i, j = 1, \cdots, n$.

那么对于 $i = 1, \cdots, n$, 主理想 Re_i 是以 e_i 为幺元的环, 并且有同构
$$R \simeq Re_1 \times \cdots \times Re_n.$$

证明 首先 Re_i 是主理想, 因而关于乘法封闭. 因 R 是交换环, 任取 $re_i \in Re_i$, 由于 e_i 是幂等元, 故有 $re_i \cdot e_i = e_i \cdot re_i = re_i$, 从而 e_i 是乘法幺元. 乘法结合律与分配律自然满足, 所以 Re_i 是以 e_i 为幺元的环.

考虑映射
$$f : R \to Re_1 \times \cdots \times Re_n, \quad r \mapsto (re_1, \cdots, re_n).$$

易知 f 是同态. 设 $x \in \ker(f)$, 则 $f(x) = (0, \cdots, 0)$, 即对 $i = 1, \cdots, n$ 有 $xe_i = 0$ 有 $x = \sum_{i=1}^{n} xe_i = 0$, 从而 $\ker(f) = 0$. 这说明 f 是单射. 另一方面, 任取 $(r_1 e_1, \cdots, r_n e_n) \in Re_1 \times \cdots \times Re_n$. 记
$$r = \sum_{i=1}^{n} r_i e_i.$$

由幂等元 e_i 的性质知, 对 $j = 1, \cdots, n$, 有 $re_j = r_j e_j$. 因此,
$$f(r) = (re_1, \cdots, re_n) = (r_1 e_1, \cdots, r_n e_n).$$

这说明 f 是满射. 综上知 f 是同构. $\square$

设 I 是 R 的理想, 从而对 $a, b \in R$ 有
$$a + I = b + I \iff a - b \in I.$$

定义 2.3.11 设 R 是环, I 为理想, $a, b \in R$. 如果 $a - b \in I$, 则称 a, b **模 I 同余**, 记作 $a \equiv b \bmod I$. 时常也将 $a + I$ 记作 $a \bmod I$.

定理 2.3.12（中国剩余定理） 设 R 为环, $I_1, \cdots, I_n$ 为一族理想. 假设对每个 $i \neq j$ 皆有 $I_i + I_j = R$, 则环同态
$$\varphi : R \longrightarrow \prod_{i=1}^{n} R/I_i,$$
$$r \longmapsto (r \bmod I_i)_{i=1}^{n}$$

诱导出环同构 $R/\left(\bigcap_{i=1}^{n} I_i\right) \xrightarrow{\sim} \prod_{i=1}^{n} R/I_i$.

连带地, φ 也诱导群同构 $\left(R/\left(\bigcap_{i=1}^n I_i\right)\right)^\times \xrightarrow{\sim} \prod_{i=1}^n (R/I_i)^\times$.

证明 显然 $\ker(\varphi) = \bigcap_{i=1}^n I_i$, 需要证明 φ 是满的. 取定 $1 \leqslant i \leqslant n$, 对每个 $j \neq i$ 存在 $r_j \in I_i$ 和 $s_j \in I_j$ 使得 $r_j + s_j = 1$. 以下的连乘积 $\prod_j$ 约定为按 $j = 1, 2, \cdots$ 循序相乘: 展开 $1 = \prod_{j \neq i}(r_j + s_j)$ 并分离 $s := \prod_j s_j \in \prod_{j \neq i} I_j$ 与其余诸项之和 $r \in I_i$, 遂得

$$1 = r + s \in I_i + \prod_{j \neq i} I_j.$$

因此 $y_i := s$ 在 R/I_j ($j \neq i$) 中的像是 0, 在 R/I_i 中的像是 1. 由于对任意 $x_1, \cdots, x_n \in R$ 有

$$\varphi(x_1 y_1 + \cdots + x_n y_n) = (x_i \bmod I_i)_{i=1}^n,$$

故 φ 确为满射. □

注记 2.3.13 中国剩余定理, 最早见于南北朝时期的《孙子算经》, 也称孙子定理. 其最初的形式是解同余方程组, 系统的解法有秦九韶的 "大衍求一术". 设 $m_1, \cdots, m_n$ 是两两互素的自然数, 对于自然数 $a_1, \cdots, a_n$, 求解同余方程组

$$\begin{cases} x \equiv a_1 \mod m_1, \\ x \equiv a_2 \mod m_2, \\ \quad\quad\quad \vdots \\ x \equiv a_n \mod m_n. \end{cases}$$

对照前面的定理, 这里模的数 m_i 对应于定理中的理想 $m_i \mathbb{Z}$, 求解同余方程则为找同态 φ 的原像. 求解如下: 设 $M = \prod_{i=1}^n m_i$, $M_i = M/m_i$. 因 M_i 与 m_i 互素, 故可取 $t_i \in \mathbb{Z}$ 使得 $M_i t_i \equiv 1 \pmod{m_i}$. 令 $x = kM + \sum_{i=1}^n a_i t_i M_i$, 则 x 为该同余方程通解.

注记 2.3.14（**费马小定理与欧拉定理**） 对于素数 p, 当 x 与 p 互素时, 有 $x^{p-1} \equiv 1 \pmod{p}$. 这就是数论中的费马小定理. 一般情形, 设整数 x 与正整数 n 互素, $\phi(n)$ 为与 n 互素且小于 n 的正整数的个数, 则有 $x^{\phi(n)} \equiv 1 \pmod{n}$, 此即欧拉定理. 从商环 $\mathbb{Z}/n\mathbb{Z}$ 的乘法群 $(\mathbb{Z}/n\mathbb{Z})^\times$ 中考虑, 这等价于 $x^{\phi(n)} = 1$.

习题 2.3

1. 设 $\mathbb{F}_q$ 是有限域，$q = p^n$，p 是素数.
   (a) $\forall a, b \in \mathbb{F}_q$ 证明：$(a+b)^p = a^p + b^p$.
   (b) 映射 $\phi: \mathbb{F}_q \to \mathbb{F}_q$，$x \mapsto x^p$ 是同构. 此谓 **Frobenius 自同构**.
2. (a) 证明：域 k 的所有子域的交仍是域，并称其为 k 的**素域**.
   (b) 证明：素域必然同构于有理数域 $\mathbb{Q}$ 或有限域 $\mathbb{F}_p$ 之一，其中 p 为素数.
3. 试解《孙子算经》卷下第廿六题："今有物不足其数，三三数之剩二，五五数之剩三，七七数之剩二，问物几何？" 此题即求解以下同余方程组

$$\begin{cases} x \equiv 2 \mod 3, \\ x \equiv 3 \mod 5, \\ x \equiv 2 \mod 7. \end{cases}$$

4. 设 $m, n \in \mathbb{Z}$ 互素，证明：$\mathbb{Z}/mn\mathbb{Z} \simeq \mathbb{Z}/m\mathbb{Z} \times \mathbb{Z}/n\mathbb{Z}$.
5. 设 $\mathbb{Z}[i]$ 是高斯整数环. 问 $\mathbb{Z}[i]/(5)$ 是否是整环？是否是有限环？若是则有几个元素？
6. 证明：除环恰好包含两个幂等元.
7. 循环群 $\mathbb{Z}/n\mathbb{Z}$ 的自同态环是什么？自同构群又是什么？

2.4 交换环

交换环的原型即域上的多项式与代数整数环，在环理论建立之后就独立发展起来. 扎里斯基 (O. Zariski, 1899—1986) 等数学家将代数几何建立在交换代数的基础上，推动了代数几何的严格化. 以格罗滕迪克 (A. Grothendieck, 1928—2014) 等为代表的数学家为解决韦伊 (A. Weil, 1906—1998) 猜想，革新了代数几何的基础；仿照流形的思想，发展出概型的语言. 交换环理论貌似抽象缥缈，背后的直观实为几何. 譬如发之于素数而产生的素理想的概念，还原到几何上就是点、线、面等；换了一种面貌，实则等价，然而其适用性更广，是现代代数几何的入门基础.

对于数域 $\mathbb{F}$ 有多项式环 $F[X] := \{a_0 + a_1 X + \cdots + a_n X^n : n \geqslant 0, a_i \in F\}$，其中未定元 X 仅是形式记号. 如果我们将域 F 换作一般的交换环 R，则得到 R **上的多项式环**

$$R[X] := \{a_0 + a_1 X + \cdots + a_n X^n : n \geqslant 0, a_i \in R\}.$$

例 2.4.1 对于 R 上的多项式环 $R[X]$，取 $R = \mathbb{Z}$，我们得到整系数多项式环 $\mathbb{Z}[X]$. 若取 $R = \mathbb{F}_q$，则得到有限域系数的多项式环 $\mathbb{F}_q[X]$. 若取 $R = F[Y]$ 为域的一元多项式环，则 $R[X] = F[X, Y]$ 是域 F 上的二元多项式环. 类似地，我们可以得到域 F 上的 n 元多项式环 $F[X_1, \cdots, X_n]$.

定义 2.4.2 设多项式 $f(X) = a_0 + a_1 X + \cdots + a_n X^n \in R[X]$. 称 $a_n \neq 0$ 为 $f(X)$ 的**首项系数**, n 为 $f(X)$ 的**次数**, 记作 $\deg f(X)$. 若 $a_n = 1$, 则称 $f(X)$ 是**首一多项式**. 设 $g(X) = b_0 + b_1 X + \cdots + b_m X^m \in R[X]$, 则 $f(X) = g(X)$ 当且仅当 $a_i = b_i, \forall i \in \mathbb{N}$. $0 \in R[X]$ 称为零多项式.

引理 2.4.3 设 R 是交换环, $R[X]$ 是多项式环. 取 $f, g \in R[X]$ 是非零多项式.

(i) 或者 $fg = 0$ 或者 $\deg(fg) \leqslant \deg f + \deg g$.

(ii) 若 R 是整环, 则 $fg \neq 0$, 且 $\deg(fg) = \deg f + \deg g$.

证明 该引理是容易的, 留作读者练习. □

命题 2.4.4 设 R 是交换环, 则 $R[X]$ 也是交换环. 若 R 是整环, 则 $R[X]$ 也是整环.

证明 第一条是容易的. 第二条借助引理 2.4.3. □

下面的带余除法是熟知的, 可参考文献 [14] 中的第 1 章, 第 3 节.

定理 2.4.5（带余除法） 设 $k[X]$ 是域 k 上的多项式环, $f(X), g(X) \in k[X]$, 其中 $f(X) \neq 0$. 则存在唯一的多项式 $q(X), r(X) \in k[X]$ 使得

$$g(X) = q(X)f(X) + r(X),$$

其中 $r(X) = 0$ 或 $\deg r(X) < \deg f(X)$.

定义 2.4.6 设 $k[X]$ 是域 k 上的多项式环, $f(X) \in k[X]$. 称 a 是 $f(X)$ 在 k 中的根, 若有 $a \in k$ 使得 $f(a) = 0$ 成立.

命题 2.4.7 设 $k[X]$ 是域 k 上的多项式环, $f(X) \in k[X]$, 则 $a \in k$ 是 $f(X)$ 的根当且仅当 $X - a$ 在 $k[X]$ 中整除 $f(X)$.

证明 由带余除法知 $f(X) = q(X)(X - a) + f(a)$. 剩下的显然. □

定理 2.4.8 设 k 是域, $f(X) \in k[X]$.

(i) 若 $f(X)$ 次数是 n, 则 $f(X)$ 在 k 中至多有 n 个根.

(ii) 若 $f(X)$ 次数是 n, 并且 $a_1, \cdots, a_n \in k$ 是 $f(X)$ 的不同的根, 则存在非零 $c \in k$ 满足以下因式分解

$$f(X) = c(X - a_1) \cdots (X - a_n).$$

证明 (i) 我们对 $n \geqslant 0$ 归纳地证明. 若 $n = 0$, 则 $f(X)$ 是非零常数 (零多项式不定义次数), 故没有根. 现在设 $n > 0$. 若 $f(X)$ 在 k 中没有根, 则证明完毕. 若有 $a \in k$ 是 $f(X)$ 的根, 则命题 2.4.7给出 $f(X) = q(X)(X - a)$ 并且

$\deg q(X) = n-1$. 由归纳假设 $q(X)$ 至多有 $n-1$ 个根, 从而 $f(X)$ 至多有 n 个根.

(ii) 由题设知 $X - a_i$, $i = 1, \cdots, n$ 两两互素, 且每个 $X - a_i$ 整除 $f(X)$, 从而 $(X - a_1) \cdots (X - a_n)$ 整除 $f(X)$. 比较二者的次数可知它们相差一个非零常数. 也可以对次数 n 进行归纳证明. □

定理 2.4.9 设 k 是域, 则 k 的**有限**乘法子群 $H \leqslant k^\times$ 必是循环群.

证明 由定理 1.9.2 知 $H = \bigoplus_p H(p)$. 假设 $H(p)$ 非循环群, 设其最大阶元的阶数为 p^r. 由命题 1.4.11 或定理 1.9.6 知, 任意 $x \in H(p)$, 均有 $\mathrm{ord}(x) \mid p^r$, 且 $p^r < |H(p)|$. 因而, 方程 $x^{p^r} = 1$ 的解的个数为 $|H(p)|$, 这与定理 2.4.8(i) 矛盾. 从而, $H(p)$ 是循环群; 进而, 由命题 1.4.9 知 H 是循环群. □

自然我们可以给多项式 $f(X)$ 赋予域 F 中的值, 则得到多项式函数

$$f(x) : F \longrightarrow F, \ a \longmapsto f(a),$$

从而有多项式函数环 $F[x]$. 对于 F 是无限域的情形, 这两个环是同构的. 满同态是明显的, 单性可由下面推论得出

推论 2.4.10 设 k 是无限域, 多项式 $f(X), g(X) \in k[X]$. 若对应的多项式函数 $f(x) = g(x)$, 即对任意 $a \in k$ 有 $f(a) = g(a)$, 则有 $f(X) = g(X)$.

如果 F 是有限域, 则有环的满同态 $F[X] \longrightarrow F[x]$, 但不同构. 譬如考虑有限域多项式环 $\mathbb{F}_p[X]$, 取 $X^p - X$, 则由注记 2.3.14 知多项式函数 $x^p - x = 0$, 而 $X^p - X$ 显然不是零多项式.

域 k 上的两个多项式 $f(X), g(X)$, 其最大公因子 $\gcd(f(X), g(X))$, 不会随域 k 的扩张而改变, 即有如下命题.

命题 2.4.11 设 k 是域 K 的子域, 则 $k[X]$ 是 $K[X]$ 的子环. 取 $f(X), g(X) \in k[X]$, 则它们在 $k[X]$ 中的最大公因子与在 $K[X]$ 中的最大公因子相同.

证明 $K[X]$ 中的带余除法给出 $g(X) = Q(X)f(X) + R(X)$, 其中 $Q(X), R(X) \in K[X]$; 因 $f(X), g(X) \in k[X]$, 故 $k[X]$ 的带余除法给出 $g(X) = q(X)f(X) + r(X)$, 其中 $q(X), r(X) \in k[X]$. 又 $k[X] \subseteq K[X]$, 故 $g(X) = q(X)f(X) + r(X)$ 也是 $K[X]$ 中带余除法算式. 由带余除法的唯一性可得 $Q(X) = q(X), R(X) = r(X)$. 因最大公因子可由带余除法辗转相除得到, 所以在 $k[X]$ 与 $K[X]$ 求出的最大公因子相同. □

域上多项式环与整数环 $\mathbb{Z}$ 在很多方面是比较相像的, 例如域上多项式环里的不可约多项式对应整数里的素数; 域上的多项式环有因式分解定理参考文献 [14]

中的第 1 章, 第 5 节, 这类似于整数里面的算术基本定理. 事实上, 域上多项式环与整数环都是主理想整环的例子.

定义 2.4.12 若交换环 R 的每个理想都是主理想, 则 R 称为**主理想环**. 如果 R 还是整环, 则 R 称为**主理想整环**.

定理 2.4.13 域 k 上的多项式环 $k[X]$ 是主理想整环.

证明 若 $I = 0$, 则显然是主理想. 若 $I \neq 0$, 我们可取一个 I 中次数最小的多项式, 不妨设为 f. 对任意 $g \in I$, 利用定理 2.4.5得, 存在 $q \in k[X]$ 满足 $g = qf$. 此即 $I = (f)$. □

另一类重要的交换环的例子是代数整数环, 例如 $\mathbb{Z}[\zeta_n]$. 代数整数是整数在一般数域中的推广, 概念如下

定义 2.4.14 复数 $\alpha \in \mathbb{C}$ 称为**代数整数**, 如果它是某个首一整系数多项式 $f(X) \in \mathbb{Z}[X]$ 的根.

有理数 r 是代数整数当且仅当 r 是整数, 这可由下面的定理 (参考文献 [14] 中的第 1 章, 第 9 节, 定理 12) 得出.

定理 2.4.15 设 $f(X) = a_0 + a_1 X + \cdots + a_n X^n \in \mathbb{Z}[X]$, b/c 是 $f(X)$ 的有理根, 其中 b, c 是互素的整数. 则必有 $b \mid a_0, c \mid a_n$.

定理 2.4.16 所有的代数整数构成 $\mathbb{C}$ 的子环.

证明 设 α 是代数整数, 则存在首一多项式 $f(X) = X^n + b_{n-1} X^{n-1} + \cdots + b_1 X + b_0 \in \mathbb{Z}[X]$ 以 α 为根. 令

$$G = \{m_{n-1} \alpha^{n-1} + \cdots + m_1 \alpha + m_0 : m_i \in \mathbb{Z}\}.$$

显然 $G \subseteq \mathbb{Z}[\alpha]$. 反过来的包含可以如下说明. 首先对 $k < n$ 均有 $\alpha^k \in G$. 若 $k = n$, 则 $\alpha^n = -(b_{n-1} \alpha^{n-1} + \cdots + b_1 \alpha + b_0) \in G$. 假设 $\alpha^k = c_{n-1} \alpha^{n-1} + \cdots + c_1 \alpha + c_0 \in G$, 则

$$\begin{aligned}
\alpha^{k+1} &= \alpha \cdot \alpha^k \\
&= c_{n-1} \alpha^n + \cdots + c_1 \alpha^2 + c_0 \alpha \\
&= c_{n-1}(-(b_{n-1} \alpha^{n-1} + \cdots + b_1 \alpha + b_0)) + c_{n-2} \alpha^{n-1} + \cdots + c_0 \alpha \\
&= (c_{n-2} - c_{n-1} b_{n-1}) \alpha^{n-1} + \cdots + (c_0 - c_{n-1} b_1) \alpha - c_{n-1} b_0
\end{aligned}$$

也在 G 中. 从而, 归纳地我们有, 若 $\beta \in \mathbb{Z}[\alpha]$, 则有 $\beta \in G$. 综上, $G = \mathbb{Z}[\alpha]$.

假设 α, β 是代数整数. 设 α, β 分别是 n 次和 m 次首一整系数多项式的根. 记 A 是由 $\alpha^i \beta^j$, $0 \leqslant i < n, 0 \leqslant j < m$ 生成的加法群. 则 $\mathbb{Z}[\alpha, \beta] = A$. 为简

便起见, 我们以 $\{\omega_l : l = 1, \cdots, mn\}$ 表示集合 $\{\alpha^i \beta^j, 0 \leqslant i < n, 0 \leqslant j < m\}$. 记 $x = \alpha + \beta$ 或 $\alpha\beta$. 考虑 A 上的自同态 $\varphi : A \longrightarrow A$, $a \longmapsto xa$. 显然, 对 $m \in \mathbb{Z}, y \in A$ 有 $\varphi(my) = xmy = m\varphi(y)$. 以上说明 φ 实际上是 $\mathbb{Z}$ 线性映射. 对 $\{\omega_l : l = 1, \cdots, mn\}$, 有 $\varphi(\omega_l) = \sum_k a_{lk}\omega_k$, 或记作

$$\sum_{k=1}^{mn}(\varphi\delta_{lk} - a_{lk})\omega_k = 0, \quad 1 \leqslant l \leqslant mn, \tag{2.4.1}$$

这里当 $l = k$ 时 $\delta_{lk} = 1$, 否则 $\delta_{lk} = 0$. 矩阵 $(\varphi\delta_{lk} - a_{lk})_{1 \leqslant l, k \leqslant mn}$ 为上述方程组中的系数矩阵, 方程组用矩阵表示则为

$$\begin{pmatrix} \varphi - a_{11} & \cdots & -a_{1,mn} \\ \vdots & & \vdots \\ -a_{mn,1} & \cdots & \varphi - a_{mn,mn} \end{pmatrix} \begin{pmatrix} \omega_1 \\ \vdots \\ \omega_{mn} \end{pmatrix} = \begin{pmatrix} 0 \\ \vdots \\ 0 \end{pmatrix}.$$

方阵 $(\varphi\delta_{lk} - a_{lk})_{1 \leqslant l, k \leqslant mn}$ 的行列式记为 d, 则 d 是 φ 的首一整系数多项式, 可设

$$d = \varphi^{mn} + c_{mn-1}\varphi^{mn-1} \cdots c_1\varphi + c_0.$$

这里 $d \in \text{End}(A)$ 是加法群 A 上的自同态, 参阅例 2.1.2(iv). 设 $(\varphi\delta_{lk} - a_{lk})^*_{1 \leqslant l, k \leqslant mn}$ 为伴随矩阵, 利用伴随矩阵的性质则有

$$\begin{pmatrix} \varphi - a_{11} & \cdots & -a_{1,mn} \\ \vdots & & \vdots \\ -a_{mn,1} & \cdots & \varphi - a_{mn,mn} \end{pmatrix}^* \begin{pmatrix} \varphi - a_{11} & \cdots & -a_{1,mn} \\ \vdots & & \vdots \\ -a_{mn,1} & \cdots & \varphi - a_{mn,mn} \end{pmatrix} \begin{pmatrix} \omega_1 \\ \vdots \\ \omega_{mn} \end{pmatrix} = \begin{pmatrix} d\omega_1 \\ \vdots \\ d\omega_{mn} \end{pmatrix}.$$

上式结合线性方程组(2.4.1)一起可得 $d\omega_k = 0$, $k = 1, \cdots, mn$. 具体写出来就是

$$(x^{mn} + \cdots + c_1 x + c_0)\omega_k = 0, \quad k = 1, \cdots, mn.$$

因为 $\omega_k \neq 0$, 所以必有 $x^{mn} + \cdots + c_1 x + c_0 = 0$, 从而 x 是代数整数. 以上说明所有代数整数构成环. □

注记 2.4.17 上述证明中, 最后一部分由 $\omega_k \neq 0$ 和 $(x^{mn}+\cdots+c_1 x+c_0)\omega_k = 0$ 推出 $x^{mn} + \cdots + c_1 x + c_0 = 0$, 实际上利用了 $\mathbb{C}$ 是整环的性质. 更一般地, 利用 $\{\omega_k : k = 1, \cdots, mn\}$ 是 $\mathbb{Z}[\alpha, \beta]$ 的基这一事实, 也可说明 $x^{mn}+\cdots+c_1 x+c_0 = 0$. 此方法更具一般性, 这实际上是经典的哈密顿-凯莱定理的推广, 参看文献 [6] 中的第 1 章, 定理 2.1.

习题 2.4

1. 令 M 为幺半群. 集合 $R[M]$ 定义如下: 其元素是积集 $\prod_{m \in M} R$ 中形如 $(r_m)_{m \in M}$ 的列, 至多仅有有限多项非零; 习惯将 $(r_m)_{m \in M}$ 形式地写作 R 上的有限线性组合

$$f = \sum_{m \in M} r_m m,$$

这里的 r_m 称为 m 在 f 中的系数. 分别定义 $R[M]$ 的加法和乘法为

$$\left(\sum_m r_m m\right) + \left(\sum_m s_m m\right) = \sum_m (r_m + s_m)m,$$

$$\left(\sum_m r_m m\right) \cdot \left(\sum_m s_m m\right) = \sum_m \left(\sum_{\substack{x,y \in M \\ xy=m}} r_x s_y\right) m.$$

(a) 证明: $R[M]$ 构成环, 并称之为**幺半群环**. 若 M 是群, 则 $R[M]$ 称为**群环**.
(b) 证明: $R[M]$ 是交换环等价于 M 是交换幺半群. 特别地, 若取 $M = \{1, X, X^2, \cdots\}$, 则 $R[M] = R[X]$.
(c) 找一同态, 使得 R 可以自然看作 $R[M]$ 的子环.

2. 记 $\mathbb{Z}_{>0}$ 是正整数集, R 是交换环, $\mathcal{F}(\mathbb{Z}_{>0}, R)$ 是 $\mathbb{Z}_{>0}$ 到 R 的所有函数的集合. $\mathcal{F}(\mathbb{Z}_{>0}, R)$ 中加法为通常函数的加法, 对任意 $f, g \in \mathcal{F}(\mathbb{Z}_{>0}, R)$ 定义乘法为如下卷积

$$(f * g)(m) = \sum_{xy=m} f(x)g(y),$$

这里的求和是遍历所有 $xy = m$ 的正整数对 (x, y).

(a) 证明: $\mathcal{F}(\mathbb{Z}_{>0}, R)$ 是交换环, 乘法幺元是满足 $\delta(1) = 1$ 且 $\delta(x) = 0, x \neq 1$ 的函数 δ.
(b) 函数 f 称为**乘性的**, 如果对互素的整数 m, n 有 $f(mn) = f(m)f(n)$. 若 f, g 是乘性函数, 证明 $f * g$ 亦然.
(c) 令 μ 是**默比乌斯 (Möbius) 函数**, 即对任意正整数 n 满足下式的函数

$$\mu(n) = \begin{cases} 1, & \text{若 } n = 1, \\ (-1)^r, & \text{若 } n \text{ 分解为不同素因子的乘积 } n = p_1 \cdots p_r, \\ 0, & \text{若 } n \text{ 含有平方因子}. \end{cases}$$

令 φ_1 表示取常值 1 的函数. 证明: $\mu * \varphi_1 = \delta$. 提示 首先说明 μ 是乘性函数, 然后在对素数的幂证明. 注: 初等数论中的默比乌斯反演公式正是 $\mu * \varphi_1 * f = f$.
(d) 设 $n \in \mathbb{Z}_{>0}$, 以 $\phi(n)$ 表示欧拉函数. 证明: $\sum_{d|n} \phi(d) = n$. 提示 考虑 n 个有理数 $\frac{1}{n}, \cdots, \frac{n}{n}$. 将其约分为最简分数. 分母为 d 的个数有 $\phi(d)$ 个.

(e) 对 $\sum_{d|n} \phi(d) = n$ 利用默比乌斯反演公式证明: $\sum_{d|n} d\mu\left(\frac{n}{d}\right) = \phi(n)$. 提示 将 $\sum_{d|n} \phi(d) = n$ 改写为 $\varphi_1 * \phi(n) = n$. 故 $\sum_{d|n} d\mu\left(\frac{n}{d}\right) = \sum_{d|n} \varphi_1 * \phi(d)\mu\left(\frac{n}{d}\right) = \varphi_1 * \phi * \mu(n)$.

3. 方程 $x^2 - 1 = 0$ 在环 $\mathbb{Z}/8\mathbb{Z}$ 中有几个根?

4. 设 R 是交换环,$R[X]$ 是多项式环. 取 $a \in R$, 考虑赋值映射
$$f_a : R[X] \longrightarrow R$$
$$\sum_i r_i X^i \longmapsto \sum_i r_i a^i.$$

(a) 证明: f_a 是同态.
(b) 计算理想 $\ker f_a$.

5. 设 F 是域. 定义 $F[[X]] := \left\{\sum_{i=0}^{\infty} a_i X^i : a_i \in F\right\}$, 其为 F 上形式幂级数的集合, 形式幂级数不要求收敛. 定义 $F[[X]]$ 上加法和乘法如下
$$\left(\sum_m r_m X^m\right) + \left(\sum_m s_m X^m\right) = \sum_m (r_m + s_m) X^m,$$
$$\left(\sum_m r_m X^m\right) \cdot \left(\sum_m s_m X^m\right) = \sum_m \left(\sum_{x+y=m} r_x s_y\right) X^m.$$

(a) 证明: $F[[X]]$ 构成环, 并称之为 F 上的形式幂级数环.
(b) 求 $F[[X]]$ 的单位群 $F[[X]]^\times$.
(c) 确定 $F[[X]]$ 中所有的理想.

6. 证明: 在多项式环 $\mathbb{Z}[X]$ 中主理想 (2) 和 (X) 的交是 $(2X)$, 并且环 $\mathbb{Z}[X]/(2X)$ 同构于 $\mathbb{F}_2[X] \times \mathbb{Z}$ 的子环 $R = \{(f(X), n) \in \mathbb{F}_2[X] \times \mathbb{Z} : f(0) \equiv n \pmod{2}\}$.

7. 令 R 是整环. 证明: 多项式环 $R[X]$ 的单位群 $R[X]^\times = R^\times$.

2.5 唯一分解性

唯一分解性最初源于对自然数的性质观察. 自然数可以分解为素数的乘积, 而素数则不能再分解; 实际上, 素数 p 的分解仅有 $p = 1 \cdot p$ 或 $p = (-1)(-p)$. 同样的, 域 k 上的多项式可以分解为不可约多项式的乘积, 而不可约多项式在 $k[X]$ 中不能继续分解为两个更低次数多项式的乘积. 如果不可约多项式 $p(X)$ 在 $k[X]$ 中分解为两个多项式 $f(X), g(X)$ 的乘积, 则其中一个必是非零常数, 而非零常数是 $k[X]$ 中的单位. 对于一般的交换环 R, 我们有下面的不可约概念.

定义 2.5.1 设 R 是交换环, $p \in R$ 是**不可约的**, 如果 p 非零也非单位, 并且任一分解 $p = ab$ 必有 a 或 b 是单位.

自然数可以唯一分解为素数的乘积, 这就是算术基本定理, 当然这里的唯一性是不考虑素数的排列顺序的情形下唯一. 对于域 k 上的多项式环 $k[X]$ 也有同样的性质, 即 $k[X]$ 中任一非零多项式都可以分解为不可约多项式的乘积, 在不计排列次序下分解唯一. 整数环和域上的多项式都是唯一因子分解整环.

定义 2.5.2 设 R 是整环. 称 R 是**唯一分解整环**, 若其满足

(i) 对某个非零非单位的 $r \in R$, 皆可分解为有限个不可约元的乘积;

(ii) 若有 $p_1 \cdots p_m = q_1 \cdots q_n$, 其中 p_i, q_j $(1 \leqslant i \leqslant m, 1 \leqslant j \leqslant n)$ 均为不可约元, 则 $m = n$ 且存在 $\sigma \in S_n$ 使得 $\forall i$, p_i 与 $q_{\sigma(i)}$ 至多相差一个单位.

唯一分解整环的发展源自对费马大定理的研究, 即断言 $x^p + y^p = z^p$ $(p \geqslant 3)$ 无正整数解. 简单论证说明只需要对 $p = 4$ 和 p 是奇素数的情形研究即可. 费马宣称有非常巧妙的方法证明全部断言, 而实际留下来的资料显示他仅证明了 $p = 4$ 的情形. 随后一批数学家, 包括欧拉、狄利克雷 (J. P. G. L. Dirichlet, 1805—1859) 等相继研究, 也都只给出一些特例. 这其中突出者为库默尔, 他是在代数整数环 $\mathbb{Z}[\zeta_p]$ 中考虑方程的分解

$$x^p = (z - y)(z - \zeta_p y) \cdots (z - \zeta_p^{p-1} y).$$

库默尔证明若 $\mathbb{Z}[\zeta_p]$ 是唯一分解整环, 则费马大定理成立. 然而事与愿违, 他发现第一个不成立的例子是 $p = 23$. 深入地研究发现 $p \geqslant 23$ 时 $\mathbb{Z}[\zeta_p]$ 均不是唯一分解整环. 我们看一个稍微简单的非唯一分解整环的例子.

例 2.5.3 代数整数环 $\mathbb{Z}[\sqrt{-5}] = \{a + b\sqrt{-5} : a, b \in \mathbb{Z}\}$ 不是唯一分解整环. 首先, 设 $\alpha = a + b\sqrt{-5}$, 定义其范

$$N(\alpha) = \alpha\overline{\alpha} = a^2 + 5b^2.$$

若 α 是单位, 则 $\alpha\alpha^{-1} = 1$, 取范可得 $N(\alpha) = 1$, 从而 $\alpha = \pm 1$.

其次, 若 $N(\alpha) = 6$, 则 α 必是不可约元. 事实上, 若有 $\beta, \gamma \in \mathbb{Z}[\sqrt{-5}]$ 使得 $\alpha = \beta\gamma$, 则 $N(\alpha) = N(\beta\gamma) = N(\beta)N(\gamma)$. 由算术基本定理知, $N(\beta) = 1, 2, 3$ 或 6. 设 $\beta = a + b\sqrt{-5}$, 易知 $N(\beta) = a^2 + 5b^2 \neq 2, 3$. 因此, $N(\beta) = 1, 6$. 若 $N(\beta) = 1$, 则 β 是单位; 若 $N(\beta) = 6$, 则 $N(\gamma) = 1$, 即 γ 是单位. 综上知 α 是不可约元. 所以 $1 \pm \sqrt{-5}$ 均是不可约元. 类似地, $N(\alpha) = 4$ 或 9 的 α 也是不可约元, 所以 $2, 3$ 均是不可约元.

考虑分解

$$6 = 2 \cdot 3 = (1 + \sqrt{-5})(1 - \sqrt{-5}).$$

这是不同的分解, 因为 2,3 不会与 $1 \pm \sqrt{-5}$ 相差一个单位. 这便说明 $\mathbb{Z}[\sqrt{-5}]$ 不是唯一因子分解整环.

把环中一个元素分解为另外两个元素的乘积, 从另一个角度看就是整除.

定义 2.5.4 设 R 是交换环, $a, b \in R$. 若有 $c \in R$ 使得 $a = bc$, 则称 b 整除 a, 记作 $b \mid a$.

我们从整除的角度看下素数. 设 p 是素数, $a, b \in \mathbb{Z}$. 若 $p \mid ab$, 则必有 $p \mid a$ 或 $p \mid b$. 尽管由算术基本定理知那是容易的事实, 但这给了我们看待素数的另一角度.

定义 2.5.5 设 R 是交换环, $p \in R$ 非零非单位, $a, b \in R$. 如果对任一 $p \mid ab$ 都有 $p \mid a$ 或 $p \mid b$, 则称 p 为**素元**.

尽管我们从整除与分解来观察同一等式 $a = bc$ 得出素元与不可约元, 这两者有联系, 但不完成相同. 实际上, 有下面的命题

命题 2.5.6 整环中的素元一定是不可约元.

证明 设 p 是整环 R 中的素元, 并且在 R 中有分解 $p = ab$. 因 $p \mid ab$, 故必有 $p \mid a$ 或 $p \mid b$. 不妨设 $p \mid a$, 则有 $a = pc$, 所以 $p = pcb$. 因 R 是整环, 我们得出 $bc = 1$, 即 b 是单位. 这说明 p 是不可约元. □

反过来, 不可约元未必是素元. 例如在 $\mathbb{Z}[\sqrt{-5}]$ 中 3 整除 $(1+\sqrt{-5})(1-\sqrt{-5})$, 但 3 不整除 $1 \pm \sqrt{-5}$. 这是因为如果 3 整除 $a + b\sqrt{-5}$, 则 a, b 均是 3 的倍数. 从而 3 是不可约元, 但不是素元.

命题 2.5.7 在唯一分解整环中, 不可约元必是素元.

证明 设 R 是唯一因子分解整环, $p \in R$ 是不可约元. 假设 $p \mid ab$, 则有 $c \in R$ 使得 $ab = pc$. 将 ab 分解为不可约元的乘积, 则必有 a 或 b 中的某个不可约元 r 满足 $p = ru$, 其中 u 是 R 的单位. 所以 $r = u^{-1}p$, 从而 $p \mid a$ 或 $p \mid b$, 故 p 素元. □

继续观察素元的定义. 设 R 是交换环, $p \in R$ 是素元, 则对任意 $p \mid ab$ 必有 $p \mid a$ 或 $p \mid b$. 改写成等式则为若 $ab = pm$, 则必有 $a = pm_1$ 或 $b = pm_2$, 这里 $m, m_1, m_2 \in R$. 如果考虑所有 p 的倍数的集合则是主理想 (p). 从理想的视角看待素元, 那么对于素元生成的主理想 (p), 若 $ab \in (p)$ 则必有 $a \in (p)$ 或 $b \in (p)$. 此性质扩展到一般的理想上便得到素理想的概念.

定义 2.5.8 设 R 是交换环, $\mathfrak{p} \subsetneq R$ 是一理想, $a, b \in R$. 如果对任意 $ab \in \mathfrak{p}$ 皆有 $a \in \mathfrak{p}$ 或 $b \in \mathfrak{p}$, 则称 $\mathfrak{p}$ 是**素理想**.

如果从商环的角度理解素理想, 则有下面的命题

命题 2.5.9 设 R 是交换环，$\mathfrak{p} \subsetneq R$ 是理想，则 $\mathfrak{p}$ 是素理想当且仅当 $R/\mathfrak{p}$ 是整环.

证明 $\mathfrak{p}$ 是素理想 $\Leftrightarrow$ 对任意 $ab \in \mathfrak{p}$ 皆有 $a \in \mathfrak{p}$ 或 $b \in \mathfrak{p}$ $\Leftrightarrow$ $\bar{a}\bar{b} = 0$, 必有 $\bar{a} = 0$ 或 $\bar{b} = 0$, 即 $R/\mathfrak{p}$ 是整环. 这里 $\bar{a} = a + \mathfrak{p}$. $\square$

交换环 R 中有些比较特殊的素理想 $\mathfrak{m}$，其商环 $R/\mathfrak{m}$ 不仅是整环，而且还是域. 此类素理想称为**极大理想**, 定义如下.

定义 2.5.10 设 R 是交换环，理想 $\mathfrak{m} \neq R$. 若不存在理想 $\mathfrak{a} \neq R$ 使得 $\mathfrak{m} \subsetneq \mathfrak{a}$，则称 $\mathfrak{m}$ 是极大理想.

由极大理想的定义，极大的含义一目了然. 极大理想必是素理想，实际上有下面的命题.

命题 2.5.11 设 R 是交换环，理想 $\mathfrak{m} \neq R$, 则 $\mathfrak{m}$ 是极大理想当且仅当 $R/\mathfrak{m}$ 是域.

证明 设 $\mathfrak{m}$ 是极大理想. 任取 $x \notin \mathfrak{m}$, 那么有 $(x) + \mathfrak{m} = R$, 故有 $xy + m = 1$, 这里 $m \in \mathfrak{m}$. 因此, 在 $R/\mathfrak{m}$ 中有 $\bar{x}\bar{y} = 1$, 即 $R/\mathfrak{m}$ 任何非零元可逆，所以 $R/\mathfrak{m}$ 是域.

反之, 设 $R/\mathfrak{m}$ 是域. 任取 $x \notin \mathfrak{m}$, 则 $\mathfrak{m} \subsetneq (x) + \mathfrak{m}$. 那么在商映射 $\varphi: R \to R/\mathfrak{m}$ 下, $\varphi((x) + \mathfrak{m})$ 是 $R/\mathfrak{m}$ 非零理想. 因域只有两个理想 (习题 2.2 第 6 题), 所以 $\varphi((x) + \mathfrak{m}) = R/\mathfrak{m}$. 任取 $r \in R$, 则前面等式说明存在 $y \in R$ 满足 $r - xy \in \mathfrak{m}$. 因此 $r = xy + (r - xy) \in (x) + \mathfrak{m}$, 即 $(x) + \mathfrak{m} = R$. 从而 $\mathfrak{m}$ 是极大理想. $\square$

例 2.5.12 考虑域 k 上多项式环 $k[X]$ 中的不可约多项式 $p(X)$, 则其生成的主理想 $I = (p(X))$ 是极大理想. 这是因为 $k[X]/I$ 是域, 说明如下: 取非零元 $f(X) + I \in k[X]/I$, 则 $f(X) \notin I$, 即 $f(X)$ 不是 $p(X)$ 的倍数, 或者说 $p \nmid f$. 因为 p 是不可约多项式, 从而 p 与 f 互素, 故存在 $s, t \in k[X]$ 使得 $sf + tp = 1$. 因此, $sf - 1 \in I$, 从而有 $sf + I = 1 + I$, 也就是 $(s + I)(f + I) = 1 + I$, 即 $f + I$ 是可逆元. 因此, $k[X]/I$ 是域.

例 2.5.13 考虑实系数多项式环到复数域的同态

$$\varphi: \mathbb{R}[X] \longrightarrow \mathbb{C}, \quad \sum_k a_k X^k \longmapsto \sum_k a_k i^k.$$

显然, φ 是满同态. $\ker \varphi = \{f(X) \in \mathbb{R}[X] : f(i) = 0\}$. 因为 $X^2 + 1 \in \ker \varphi$, 下面断言 $\ker \varphi = (X^2 + 1)$. 因为 $\mathbb{R}[X]$ 是主理想整环, 则 $\ker \varphi$ 由其中次数最低的多项式生成. 如果 $X^2 + 1$ 不能生成 $\ker \varphi$, 则 $\ker \varphi$ 必由整除 $X^2 + 1$ 的一次多项

式生成, 这说明 X^2+1 有实根, 矛盾. 因而 $\ker\varphi = (X^2+1)$. 由同态基本定理得 $\mathbb{R}[X]/(X^2+1) \simeq \mathbb{C}$.

以上的例子展示了如何构造不可约多项式的根. 一般地, 有下面的命题

命题 2.5.14 设 k 是域, $p(X) = \sum_j a_j X^j \in k[X]$ 是不可约多项式. 记 $I = (p(X))$, 则域 $k[X]/I$ 包含一个同构于 k 的子域以及 $p(X)$ 的根.

证明 正如例 2.5.12 所展示的, $k[X]/I$ 是域. 典范映射 $k \to k[X]/I$, $a \mapsto a+I$ 是单同态, 同态像是 $k[X]/I$ 的同构于 k 的子域. $\bar{X} := X+I$ 是 $p(X)$ 的根, 这是因为

$$\begin{aligned} p(\bar{X}) &= \sum_j a_j \bar{X}^j \\ &= \sum_j \bar{a}_j \bar{X}^j \\ &= \sum_j (a_j+I)(X+I)^j \\ &= \sum_j (a_j X^j + I) \\ &= p(X) + I \\ &= I. \end{aligned}$$

这里 $p(X)$ 看成系数在 $k[X]/I$ 中的多项式, I 为 $k[X]/I$ 中的 0. □

有理系数不可约多项式在复数域中均可分解为一次因式的乘积. 对于一般的域 k 上的不可约多项式 $f(X)$, 我们总可以找到包含 k 的更大的域 K, 使得 $f(X)$ 在 K 中分解为一次因式的乘积. 换言之, K 包含 $f(X)$ 的所有的根.

定理 2.5.15 (Kronecker) 设 k 是域, 多项式 $f(X) \in k[X]$ 非常数, 则存在域 K 以 k 为子域, 使得 $f(X)$ 在 K 中分解为一次因式的乘积. 也称之为 $f(X)$ 在 K 上分裂.

证明 设 $f(X)$ 在 k 分解为不可约多项式的乘积. 若均是一次因式的乘积, 则取 $K = k$ 即可. 否则, 取一个 $\geqslant 2$ 次的不可约多项式, 然后利用命题 2.5.14 得到扩域 K_1. 在 K_1 上检验 $f(X)$ 的分解, 若全是一次因式的乘积则完成. 否则继续重复此操作, 直至得到域 K_n 使得 $f(X)$ 在其上分裂. □

引理 2.5.16 令 $I_1 \subseteq I_2 \subseteq I_3 \subseteq \cdots$ 是交换环 R 的理想的升链, 则这些理想的并 $J = \bigcup_n I_n$ 是 R 的理想.

定义 2.5.17 令 $I_1 \subseteq I_2 \subseteq I_3 \subseteq \cdots$ 是交换环 R 的理想的升链, 称其满足**升链条件** (或升链稳定) 如果存在正整数 n 使得 $I_n = I_{n+1} = \cdots$.

在唯一分解整环中, 将元素 r 分解为不可约元的有限乘积 $r = p_1 \cdots p_m$, 从主理想看有升链 $(p_1 \cdots p_m) \subset (p_1 \cdots p_{m-1}) \subset \cdots$, 它一定是理想的稳定升链. 唯一分解整环的每个不可约元必是素元. 这两个条件合起来也是充分的, 即有如下命题.

命题 2.5.18 整环 R 是唯一分解环的充要条件是
(i) 在 R 中所有主理想构成的理想升链满足升链条件;
(ii) R 中的不可约元皆是素元.

证明 设 R 是唯一分解整环. 假设 R 中有主理想的非稳定升链

$$(r) \subsetneq (r_1) \subsetneq (r_2) \subsetneq \cdots,$$

那么我们有 $r = r_1 r_1'$, $r_1 = r_2 r_2', \cdots$, 其中 $r_i' \notin R^\times$. 每个 r_i' 又可以分解为不可约元的乘积, 从而我们得到 r 的无穷个因子分解 $r = r_1' r_2' \cdots$. 这与 r 的有限分解矛盾, 故所有主理想升链都稳定. 又由命题 2.5.7 知 R 中的不可约元皆是素元.

反过来, 假设整环 R 满足命题中的两个条件. 任取非零非单位元 $r \in R$. 将 r 分解为素元的乘积

$$r = p_1 p_2 \cdots p_s \cdots,$$

其中 p_i 皆为素元. 由 (i) 知上述分解是有限的, 否则我们可以得到非稳定升链

$$(r) \subsetneq (p_2 p_3 \cdots) \subsetneq (p_3 p_4 \cdots) \subsetneq \cdots.$$

进一步假设 r 有两种不可约分解

$$r = p_1 p_2 \cdots p_s = q_1 q_2 \cdots q_t.$$

下面对分解的个数用归纳法来证明唯一性. 如果 r 是素元, 显然分解唯一. 假设对个数小于 s 的分解都成立. 由 p_1 是素元且整除 $q_1 q_2 \cdots q_t$, 则有 p_1 必然整除某个 q_i, 不妨设为 q_1. 从而, 我们有 p_1 整除 q_1, 即存在 $u_1 \in R$ 满足 $q_1 = u_1 p_1$. 又因为 q_1 不可约, 所以 u_1 必是单位. 考虑

$$p_2 \cdots p_s = u_1 q_2 \cdots q_t,$$

由归纳假设可知上述分解唯一, 从而 r 的分解也唯一. □

现在考虑将唯一分解性推广到主理想环上.

引理 2.5.19 对于主理想环 R 中的理想升链

$$\mathfrak{a}_1 \subset \mathfrak{a}_2 \subset \cdots,$$

总存在 $m \geq 1$ 使得 $\mathfrak{a}_m = \mathfrak{a}_{m+1} = \cdots$.

证明 由于 $\mathfrak{a} = \bigcup_{i=1}^{\infty} \mathfrak{a}_i$ 仍为理想, 可写成 $\mathfrak{a} = (a)$ 的形式. 取 m 充分大使得 $a \in \mathfrak{a}_m$ 即可. □

定理 2.5.20 主理想整环都是唯一分解整环.

证明 鉴于唯一分解整环的刻画和引理 2.5.19, 需要证明 R 中每个不可约元 p 都是素元即可建立唯一分解性. 由于 R 是主理想环, 不可约元的定义蕴涵 (p) 是 R 的极大理想; 否则有 $(p) \subsetneq (a) \subsetneq R$, 所以存在 $b \in R$ 使得 $p = ab$, 并且 a, b 均不是单位, 这与 p 不可约矛盾. 从而 (p) 是素理想, 于是 p 是素元. □

证明 $\mathbb{Z}$ 是主理想环的传统办法是带余除法, 我们将此办法推广如下.

引理 2.5.21 设 R 为整环, 若存在函数 $N: R \smallsetminus \{0\} \to \mathbb{Z}_{\geq 0}$, 使得对任意 $x \in R, d \in R \smallsetminus \{0\}$ 都存在 $q \in R$ 使 $r := x - qd$ 满足

$$r = 0, \quad \text{或者} \quad r \neq 0 \text{ 而 } N(r) < N(d).$$

则 R 是主理想环, 因而也是唯一分解环. 满足此条件的 R 称为欧几里得 (Euclid) 环.

证明 以上条件是带余除法的直接推广, r 扮演了余数的角色. 仿照 $R = \mathbb{Z}$ 的情形, 容易证明对任意非零理想 $\mathfrak{a} \subset R$, 若 $a \in \mathfrak{a} \smallsetminus \{0\}$ 取到最小可能的 $N(a) \in N(\mathfrak{a} \smallsetminus \{0\})$, 则 $\mathfrak{a} = (a)$. □

例 2.5.22 域 k 上的一元多项式环 $k[X]$ 是欧几里得环. 为此取 N 为次数函数 $\deg: k[X] \smallsetminus \{0\} \to \mathbb{Z}_{\geq 0}$ 即可, 这相当于运用域上多项式的带余除法.

例 2.5.23 取高斯整数环

$$\mathbb{Z}[\sqrt{-1}] := \left\{ a + b\sqrt{-1} : a, b \in \mathbb{Z} \right\} \quad (\text{作为 } \mathbb{C} \text{ 的子环}).$$

兹断言这是欧几里得环, 因此是主理想环. 在引理 2.5.21 中取范数映射

$$N(a + b\sqrt{-1}) = |a + b\sqrt{-1}|^2 = a^2 + b^2 \ \in \mathbb{Z}_{\geq 0}.$$

为了验证所需条件, 需要对给定的 x, d 取 $q \in \mathbb{Z}[\sqrt{-1}]$ 为复平面上距 $\dfrac{x}{d}$ 最近的整点, 并注意到 $\left| \dfrac{x}{d} - q \right|^2 \leq \dfrac{1}{2^2} + \dfrac{1}{2^2} = \dfrac{1}{2} \implies N(x - qd) < N(d).$

注记 2.5.24　一般说来, {欧几里得环} $\subsetneq$ {主理想环} $\subsetneq$ {唯一分解环}. 如果二次数域的代数整数环 (参看定义 2.7.1) 是欧几里得环, 则二次域称为欧几里得域.

虚二次域仅有 5 个是欧几里得域 (参看文献 [18] 中的第 4 章, 第 3 节, 定理 3.1):

$$\{\mathbb{Q}(\sqrt{d}): d = -3, -4, -7, -8, -11\}.$$

而虚二次域的代数整数环是主理想环的恰好有 9 个:

$$\{\mathbb{Q}(\sqrt{d}): d = -3, -4, -7, -8, -11, -19, -43, -67, -163\}.$$

这就是虚二次域中著名的高斯猜想, 由数学家贝克 (A. Baker) 和斯塔克 (H. Stark) 独立解决.

对于实二次域, 恰好有 16 个欧几里得域 (参看文献 [18] 中的第 4 章, 第 3 节, 定理 3.2):

$$\{\mathbb{Q}(\sqrt{d}): d = 5, 8, 12, 13, 17, 21, 24, 28, 29, 33, 37, 41, 44, 57, 73, 76\}.$$

而高斯猜测有**无穷个**实二次域其代数整数环是主理想环, 至今悬而未决.

习题 2.5

1. 证明: 环 $\mathbb{F}_2[X]/(X^3 + X + 1)$ 是域, 但 $\mathbb{F}_3[X]/(X^3 + X + 1)$ 不是域.
2. 设 p 是模 4 余 1 的素数, 即 $p \equiv 1 \mod 4$. 那么方程 $x^2 + 1 = 0$ 在有限域 $\mathbb{F}_p$ 中解存在. ⟨提示⟩设 $G = \mathbb{F}_p^\times$, 则 $4 \mid |G|$. 由命题 1.6.7 知 G 中存在 4 阶子群. 利用定理 2.4.8 说明 $x^2 = 1$ 至多两个根, 从而 G 是循环群, 即有 $a \in G$ 满足 $a^4 = 1$, 但 $a^2 \neq 1$.
3. 令 $\mathbb{Z}[i]$ 是高斯整数环.
   (a) 若 p 是模 4 余 1 的素数, 则 $p = \alpha\bar{\alpha}$ (α 是 $\mathbb{Z}[i]$ 中素元, 从而共轭元 $\bar{\alpha}$ 也是), 并且 $\alpha\mathbb{Z}[i] \neq \bar{\alpha}\mathbb{Z}[i]$. ⟨提示⟩由第二题知存在整数 a 满足 $a^2 = -1 \mod p$. 则有
   $$(a+i)(a-i) \in p\mathbb{Z}[i], \quad a+i, a-i \notin p\mathbb{Z}[i].$$
   故 p 不是素元, 从而有素元 $\alpha \in \mathbb{Z}[i]$ 整除 p. 设 $p = \alpha\beta$, β 不是可逆元. 那么 $p^2 = \alpha\beta \cdot \overline{\alpha\beta} = \alpha\bar{\alpha} \cdot \beta\bar{\beta}$. 证明 $p = \alpha\bar{\alpha}$. 假设 $\alpha\mathbb{Z}[i] = \bar{\alpha}\mathbb{Z}[i]$. 则 $a+i$ 或 $a-i \in \alpha\mathbb{Z}[i]$, 进而全在 $\alpha\mathbb{Z}[i]$. 以此推出 $2 \in \alpha\mathbb{Z}[i]$, 进而说明 α 可逆.
   (b) 若 p 是模 4 余 3 的素数, 则 p 是 $\mathbb{Z}[i]$ 中素元. ⟨提示⟩此时的 p 不能写成 $p = x^2 + y^2$ ($x, y \in \mathbb{Z}$) 的形式.
   (c) $2 = (1+i)^2 \times (-i)$, 其中 $1+i$ 是 $\mathbb{Z}[i]$ 的素元.
   (d) $\mathbb{Z}[i]$ 的全部素元具有 (上面所出现的素元)×(可逆元) 的形式.

4. 设 p 是奇素数. 利用上题证明费马的断言: 方程 $p = x^2 + y^2$ 在 $\mathbb{Z}$ 中有解当且仅当 $p \equiv 1 \mod 4$.

5. 设 F 是域, $F[X, X^{-1}] = \left\{ \sum_{i=m}^{n} X^i : m, n \in \mathbb{Z}, m \leqslant n. \right\}$ 称为洛朗 (Laurent) 多项式环. 证明: $F[X, X^{-1}]$ 是主理想整环.

6. 设 $R = \mathbb{R}[\cos t, \sin t]$ 是关于函数 $\cos t, \sin t$ 的实系数多项式环.
   (a) 证明: 同构 $R \simeq \mathbb{R}[X, Y]/(X^2 + Y^2 - 1)$.
   (b) 证明: R 不是唯一因子分解整环.
   (c) 证明: $\mathbb{C}[X, Y]/(X^2 + Y^2 - 1)$ 是主理想整环, 因此是唯一因子分解整环. 〖提示〗 $\mathbb{C}[X, Y]/(X^2 + Y^2 - 1)$ 同构于洛朗多项式环 $\mathbb{C}[X, X^{-1}]$.

2.6 分式域与局部化

对整数环 $\mathbb{Z}$, 我们将其乘法不可逆元形式上作为分母 (非零元) 添加到 $\mathbb{Z}$ 中便得到有理数域 $\mathbb{Q}$. 我们知道, 对于分数 $a/b = c/d$, 分子分母同乘以一非零整数 m 后也是相等的, 即 $a/b = mc/md$, 写成等式则为 $m(ad - bc) = 0$. 以上论述实际上是在描述如何由整数扩大到分数, 分数可以约分实则为等价关系. 严格的阐述此等价关系的构造, 便可对一般的整环构造出它的分式域.

自然, 可将分数 $\dfrac{a}{b}$ 看作数对 (a, b), 而后一种是笛卡儿积 $\mathbb{Z} \times \mathbb{Z}$ 中元素, 此看法可以应用到一般的环上. 设 R 是整环, $S := \{(x, y) \in R \times R : y \neq 0\}$ 是笛卡儿积. 取 $(u, v), (x, y) \in S$. 定义集合 S 上关系 $\sim$ 为

$$(u, v) \sim (x, y): \quad \text{如果有 } uy - vx = 0.$$

可以验证 $\sim$ 确实是等价关系, 从而有商集 $S/\sim$. 我们将等价类 $[(u, v)]$ 的代表元记作 u/v 或 $\dfrac{u}{v}$, 则仿分数运算定义 $S/\sim$ 的加法和乘法如下

$$\frac{u}{v} + \frac{x}{y} = \frac{uy + vx}{vy},$$
$$\frac{u}{v} \cdot \frac{x}{y} = \frac{ux}{vy}.$$

上述运算不依赖代表元 x/y 的选取. 商集 $S/\sim$ 关于上述运算构成域, 加法零元是 $0/1$, 乘法幺元是 $1/1$.

定义 2.6.1 记 $S/\sim$ 为 $\mathrm{Frac}(R)$, 称为整环 R 的**分式域**.

整环 R 到 $\mathrm{Frac}(R)$ 有典范的嵌入映射 $\varphi : R \longrightarrow \mathrm{Frac}(R)$, $r \longmapsto r/1$. 故 R 可看作 $\mathrm{Frac}(R)$ 的子环.

例 2.6.2 (有理函数域) 域 k 上的多元多项式环 $k[X_1, \cdots, X_n]$ 是整环, 其分式域记为 $k(X_1, \cdots, X_n)$, 称为有理函数域. 其中的元素就是多项式的商.

由整环 R 构造其分式域, 形式上看就是将 $R\smallsetminus\{0\}$ 中元素变为可逆元. $R\smallsetminus\{0\}$ 关于乘法封闭, 构成幺半群. 一般地, 有下面的定义.

定义 2.6.3 设 R 是交换环, $T \subset R$ 是乘法幺半群, 则 T 称为 R 的**乘性子集**.

例 2.6.4 设 R 是交换环. 若 $\mathfrak{p} \subset R$ 是素理想, 则 $R\smallsetminus\mathfrak{p}$ 是乘性子集. R 中所有非零因子构成的集合也是乘性子集.

将环 R 中的乘性子集 T 变为可逆元的方式称为**局部化**, 构造方式与分式域几乎如出一辙. 现简述如下: 首先在集合 $R \times T$ 上定义关系

$$(r,t) \sim (r',t') \iff [\exists s \in T,\ srt' = sr't].$$

易证 $\sim$ 是等价关系, 相应的商集记为 $R[T^{-1}]$ 或 $T^{-1}R$, 其中的等价类 $[r,t]$ 应该设想为 "商" r/t, 且对任意 $s \in T$ 皆有 $[r,t] = [rs, ts]$. 以下定义的环运算因而是顺理成章的:

$$[r,t] + [r',t'] = [rt' + r't, tt'],$$
$$[r,t] \cdot [r',t'] = [rr', tt'].$$

容易验证 $R[T^{-1}]$ 对此确实构成交换环, 零元为 $0 = [0,t]$ 而幺元为 $1 = [t,t]$, 其中 $t \in T$ 可任取. 由此得到

$$[r,t] = 0 \iff [\exists s \in T,\ sr = 0]. \tag{2.6.1}$$

因此 $R[T^{-1}]$ 是零环当且仅当存在 $t \in T$ 使得 $tR = 0$, 我们既假定 R 含幺元, 这也相当于说 $0 \in T$; 一般总排除这种情形.

定义 2.6.5 交换环 R 中的所有素理想构成的集合记为 $\operatorname{Spec} R$, 称为 R 的**素谱**.

下面研究局部化对理想的影响. 给定乘性子集 T, 并设 $0 \notin T$. 对任意理想 $I \subset R$, 定义

$$I[T^{-1}] := \{[r,t] : r \in I,\ t \in T\} \subset R[T^{-1}].$$

由 $R[T^{-1}]$ 的环结构定义, $I[T^{-1}]$ 事实上是由 I 在

$$\varphi: R \to R[T^{-1}],\ r \mapsto [r,1]$$

下的像所生成的理想, 即 $I[T^{-1}] = R[T^{-1}] \cdot I$. 另一方面, 由 $\varphi: R \to R[T^{-1}]$ 可得理想间的映射

$$J \mapsto I := \{r \in R : [r,1] \in J\} = \varphi^{-1}(J) \tag{2.6.2}$$

其中 J 是 $R[T^{-1}]$ 的理想. 兹考察

$$\{I : R \text{ 的理想}\} \underset{\text{例}(2.6.2)}{\overset{I \mapsto I[T^{-1}]}{\rightleftarrows}} \{J : R[T^{-1}] \text{ 的理想}\}.$$

命题 2.6.6 令 T 为 R 的乘性子集, $0 \notin T$.

(i) 对 R 的任意理想 I, 等式 $I[T^{-1}] = R[T^{-1}]$ 成立当且仅当 $I \cap T \neq \varnothing$.

(ii) 对任意 $R[T^{-1}]$ 的理想 J, 有 $\varphi^{-1}(J)[T^{-1}] = J$.

(iii) 映射 $I \mapsto I[T^{-1}]$ 诱导出双射

$$\{I \in \operatorname{Spec} R : I \cap T = \varnothing\} \xrightarrow{1:1} \operatorname{Spec} R[T^{-1}],$$

其逆是前述之 (2.6.2).

(iv) 上述双射保持包含关系: $I_1 \subset I_2 \iff I_1[T^{-1}] \subset I_2[T^{-1}]$.

证明 (i) $I[T^{-1}] = R[T^{-1}]$ 等价于存在 $[r,t] \in I[T^{-1}]$ 使得 $[r,t] = [1,1]$, 即存在 $s \in T$ 使 $sr = st \in T$; 同时 $sr \in I$. 这等价于 $I \cap T \neq \varnothing$.

(ii) 任取 $[x,t] \in J$, 那么有 $[x,1] = [t,1][x,t] \in J$, 所以 $x \in \varphi^{-1}(J)$. 进而, $[x,t] \in \varphi^{-1}(J)[T^{-1}]$, 即 $J \subset \varphi^{-1}(J)[T^{-1}]$. 另一方面, 总是成立 $\varphi^{-1}(J)[T^{-1}] \subset J$, 所以有 $\varphi^{-1}(J)[T^{-1}] = J$.

(iii) 现在设 $I \in \operatorname{Spec} R$, $I \cap T = \varnothing$. 则在 $R[T^{-1}]$ 中

$$[r_1,t_1][r_2,t_2] \in I[T^{-1}] \iff r_1 r_2 \in I \iff (r_1 \in I \text{ 或 } r_2 \in I),$$

故 $I[T^{-1}]$ 为素理想. 它对 $R \to R[T^{-1}]$ 的原像等于

$$\{r \in R : \exists a \in I, t \in T, \quad [r,1] = [a,t]\} \in \operatorname{Spec} R;$$

此集可进一步改写为 $\{r \in R : \exists t \in T, rt \in I\}$, 由于 T 与素理想 I 不交, 此原像无非是 I, 这就证明了 $I = \varphi^{-1}(I[T^{-1}])$. 结合 (ii), 这就证明了 $I \mapsto I[T^{-1}]$ 在素理想层面是双射.

(iv) 关于包含关系的断言是显然的. □

例 2.6.7 (i) 设 $\mathfrak{p}$ 是交换环 R 中的素理想, 则 R 关于乘性子集 $T := R \smallsetminus \mathfrak{p}$ 的局部化记为 $R_{\mathfrak{p}}$, 称为环 R 在 $\mathfrak{p}$ 处的局部化. 在典范映射 $R \to R_{\mathfrak{p}}$ 下, R 中素理想 $\mathfrak{p}$ 在 $R_{\mathfrak{p}}$ 中生成的理想为 $\mathfrak{p}[T^{-1}] = \mathfrak{p}R_{\mathfrak{p}}$. 由命题 2.6.6 知 $\mathfrak{p}R_{\mathfrak{p}}$ 是 $R_{\mathfrak{p}}$ 的唯一的极大理想, 因而商环 $R_{\mathfrak{p}}/\mathfrak{p}R_{\mathfrak{p}}$ 是域.

(ii) 交换环 R 关于其所有非零因子乘法集的局部化记为 $\operatorname{Frac}(R)$, 称为 R 的**全分式环**. 典范映射 $R \to \operatorname{Frac}(R)$ 是单同态. 若 R 是整环, 则 $\operatorname{Frac}(R)$ 即为 R 的分式域.

习题 2.6

1. 设 A 是整环,K 是其分式域. 分析中的求导运算可以代数地推广到域上. 映射 $D: A \to A$ 称为**导子**,如果 D 是加群同态并且满足
$$D(xy) = xD(y) + yD(x), \quad \forall x, y \in A.$$

    (a) 证明: D 可唯一地扩张成 K 到其自身的导子,并且此扩张对任意 $x, y \in A, y \neq 0$ 满足
    $$D\left(\frac{x}{y}\right) = \frac{yD(x) - xD(y)}{y^2}.$$

    (b) 对任意 $x \in K^\times$,令 $L(x) = D(x)/x$. 证明: $L(xy) = L(x) + L(y)$. 此同态 L 称为**对数导数**.

2. 记 S_0 是交换环 R 中的所有非零因子构成的乘性集,$\mathrm{Frac}(R) = R[S_0^{-1}]$ 是 R 的全商环.

    (a) 证明: S_0 是 R 中使得同态 $R \to R[S_0]$ 单的最大乘性集.

    (b) $\mathrm{Frac}(R)$ 中每个元或是零因子,或是可逆元.

3. 设 $F[X, X^{-1}]$ 是域 F 上的洛朗多项式环,$F[X, Y]$ 是二元多项式环. 令乘性子集 $S = \{1, X, X^2, \cdots\}$. 证明有同构
$$F[X, Y]/(XY - 1) \simeq F[X, X^{-1}] \simeq F[X][S^{-1}].$$

4. 设 R 是交换环,S 是 R 的乘性子集,$R[S^{-1}]$ 是局部化. 考虑典范映射 $f: R \to R[S^{-1}]$,$x \mapsto x/1$. 取 $J \subseteq R[S^{-1}]$ 是其理想. 证明 $f^{-1}(J)[S^{-1}] = J$.

2.7 代数整数环 *

代数整数环曾有力地推动环理论的发展,譬如库默尔研究的 $\mathbb{Z}[\zeta_n]$. 这是一类环的例子,名曰戴德金环. 由定理 2.4.5 知复数域中的所有代数整数构成环,不妨记为 Ω. 下面我们考虑 $\mathbb{C}$ 的子域 K,称为**代数数域**,如果 K 作为有理数域 $\mathbb{Q}$ 的向量空间是有限维的. 此维数记为 $[K : \mathbb{Q}]$,称为 K 对 $\mathbb{Q}$ 的**扩张次数**.

定义 2.7.1 设 K 是代数数域,$\Omega \cap K$ 是 K 的子环,称为 K 的**代数整数环**,记为 $\mathcal{O}_K$.

有理数域的二次扩域 K 称为二次域,形式为 $\mathbb{Q}(\sqrt{m})$,m 是无平方因子的整数. 二次数域的代数整数环 $\mathcal{O}_K$ 可以具体决定出来,定理如下.

定理 2.7.2 设 K 为二次域,则 K 可写成 $K = \mathbb{Q}(\sqrt{m})$,其中 m 的素因子分解中次幂均为一次. 代数整数环 $\mathcal{O}_K$ 形式如下

$$\mathcal{O}_K = \begin{cases} \mathbb{Z}[\sqrt{m}] = \{a + b\sqrt{m} : a, b \in \mathbb{Z}\}, & \text{若 } m \equiv 2, 3 \mod 4; \\ \mathbb{Z}\left[\dfrac{1 + \sqrt{m}}{2}\right] = \left\{a + b\dfrac{1 + \sqrt{m}}{2} : a, b \in \mathbb{Z}\right\}, & \text{若 } m \equiv 1 \mod 4. \end{cases}$$

证明　K 中元素 $a+b\sqrt{m}$ 满足方程 $x^2-2ax+a^2-mb^2=0$. 若其为代数整数则等价于 $2a, a^2-mb^2 \in \mathbb{Z}$ (参考习题 2.7 第 2 题). $2a$ 是整数可分两种情况: a 是整数, 或者 $a=d+\dfrac{1}{2}, d\in\mathbb{Z}$, 称之为半整数.

(i) a 是整数, 则 mb^2 必是整数. 设 $b=t/s$ 是既约分数, 即 s,t 是互素整数. 那么 $mb^2=mt^2/s^2$ 是整数说明 s^2 整除 m. 因为 m 不含平方因子, 所以 $s^2=1$, 从而 b 是整数.

(ii) $a=d+\dfrac{1}{2}$ 是半整数, 则 $a^2=d^2+d+\dfrac{1}{4}$ 属于集合 $\mathbb{Z}+\dfrac{1}{4}$. 因为 a^2-mb^2 是整数, 故 $mb^2 \in \mathbb{Z}+\dfrac{1}{4}$. 因而 $4b^2m=(2b)^2m$ 是整数, 由 m 不含平方因子, 所以 $2b$ 是整数. 再由 $mb^2 \in \mathbb{Z}+\dfrac{1}{4}$ 知 b 是半整数. 故 $mb^2 \in \mathbb{Z}+\dfrac{1}{4}$ 当且仅当 $m\equiv 1 \mod 4$.

综上, 若 $m\equiv 1 \mod 4$, 则 $\mathcal{O}_K = \mathbb{Z}\left[\dfrac{1+\sqrt{m}}{2}\right]$. 若 $m\equiv 2,3 \mod 4$, 则 $\mathcal{O}_K = \mathbb{Z}[\sqrt{m}]$. □

仿代数整数环, 对一般交换环有如下整的概念.

定义 2.7.3　设 B 是交换环, A 是 B 的子环. B 中元素 x 称为在 A 上整, 如果 x 是 A 系数的首一多项式方程的根, 即 x 满足

$$x^n+a_1x^{n-1}+\cdots+a_n=0, \quad \forall i, a_i \in A.$$

若 B 中每个元素均在 A 上整, 则称 B 在 A 上整.

命题 2.7.4　令 B 是交换环, A 是 B 的子环, B 在 A 上整.

(i) 设 $\mathfrak{b}$ 是 B 的理想, $\mathfrak{a}=\mathfrak{b}\cap A$, 则 $B/\mathfrak{b}$ 在 $A/\mathfrak{a}$ 上整.

(ii) 设 S 是 A 的乘性子集, 则 $B[S^{-1}]$ 在 $A[S^{-1}]$ 上整.

证明　(i) 显然有单同态 $A/\mathfrak{a} \to B/\mathfrak{b}$, 进而 $A/\mathfrak{a} \cong (A+\mathfrak{b})/\mathfrak{b}$. 取 $x\in B$, 则由方程 $x^n+a_1x^{n-1}+\cdots+a_n=0$, 其中 $\forall i, a_i\in A$, 模 $\mathfrak{b}$ 约化可得 $A/\mathfrak{a}$ 上方程.

(ii) 令 $x/s \in B[S^{-1}]$, $x\in B, s\in S$. 那么上述方程给出

$$\left(\dfrac{x}{s}\right)^n+\dfrac{a_1}{s}\left(\dfrac{x}{s}\right)^{n-1}+\cdots+\dfrac{a_n}{s^n}=0.$$

它表明 x/s 在 $A[S^{-1}]$ 上整. □

命题 2.7.5　设 B 是整环, A 是 B 的子环, B 在 A 上整. 那么 B 是域当且仅当 A 是域.

证明 设 A 是域,取非零 $y \in B$. 由 B 在 A 上整,故有

$$y^n + a_1 y^{n-1} + \cdots + a_n = 0, \quad a_i \in A.$$

因 B 是整环,$y \neq 0$,可设 $a_n \neq 0$. 从而,$y^{-1} = -a_n^{-1}(y^{n-1} + a_1 y^{n-2} + \cdots + a_{n-1}) \in B$. 因此 B 是域.

反之,假设 B 是域,取非零 $x \in A$. 那么 $x^{-1} \in B$,故它在 A 上整. 设有方程

$$x^{-m} + a_1' x^{-m+1} + \cdots + a_m' = 0, \quad a_i' \in A.$$

因此,$x^{-1} = -(a_1' + a_2' x + \cdots + a_m' x^{m-1}) \in A$,所以 A 是域. □

推论 2.7.6 设 $A \subset B$ 均是交换环,B 在 A 上整. 令 $\mathfrak{q}$ 是 B 的素理想,$\mathfrak{p} = \mathfrak{q} \cap A$. 那么 $\mathfrak{q}$ 是极大理想当且仅当 $\mathfrak{p}$ 是极大理想.

证明 由命题 2.7.4(i) 知 $B/\mathfrak{q}$ 在 $A/\mathfrak{p}$ 上整. 结合命题 2.7.5 便得到此推论. □

推论 2.7.7 设 $A \subset B$ 均是交换环,B 在 A 上整. 令 $\mathfrak{q}, \mathfrak{q}'$ 是 B 的素理想,使得 $\mathfrak{q} \subseteq \mathfrak{q}'$ 以及 $\mathfrak{q} \cap A = \mathfrak{q}' \cap A = \mathfrak{p}$. 那么 $\mathfrak{q} = \mathfrak{q}'$.

证明 由命题 2.7.4(ii) 知,$B_\mathfrak{p}$ 在 $A_\mathfrak{p}$ 上整,这里 $B_\mathfrak{p}$ 是 B 关于 $A \setminus \mathfrak{p}$ 的局部化. 令 $\mathfrak{m}$ 是 $\mathfrak{p}$ 在 $A_\mathfrak{p}$ 中生成的理想,知 $\mathfrak{m} = \mathfrak{p} A_\mathfrak{p}$ 是极大理想. 令 $\mathfrak{n}, \mathfrak{n}'$ 分别是 $\mathfrak{q}, \mathfrak{q}'$ 在 $B_\mathfrak{p}$ 生成的理想,则有 $\mathfrak{n} \subseteq \mathfrak{n}'$ 且 $\mathfrak{n} \cap A_\mathfrak{p} = \mathfrak{n}' \cap A_\mathfrak{p} = \mathfrak{m}$. 因 $\mathfrak{m}$ 是 $A_\mathfrak{p}$ 的极大理想,故 $\mathfrak{n}, \mathfrak{n}'$ 也是 $B_\mathfrak{p}$ 极大理想,从而 $\mathfrak{n} = \mathfrak{n}'$. 据命题 2.6.6 知,$B_\mathfrak{p}$ 素理想与 B 中与 $A \setminus \mathfrak{p}$ 不相交的素理想一一对应,所以有 $\mathfrak{q} = \mathfrak{q}'$. □

定理 2.7.8 设 K 是代数数域,则其代数整数环 $\mathcal{O}_K$ 的每个非零素理想均是极大理想.

证明 取 $\mathfrak{p}$ 是 $\mathcal{O}_K$ 的非零素理想,那么 $\mathfrak{p} \cap \mathbb{Z}$ 是 $\mathbb{Z}$ 的素理想. 由推论 2.7.7 得 $\mathfrak{p} \cap \mathbb{Z} \neq 0$,故 $\mathfrak{p} \cap \mathbb{Z}$ 是 $\mathbb{Z}$ 的极大理想. 结合推论 2.7.6 即可得出 $\mathfrak{p}$ 是 $\mathcal{O}_K$ 的极大理想.

另,此处 $\mathfrak{p} \cap \mathbb{Z} \neq 0$ 可不借助推论 2.7.7 而有更直接的证法. 取 $y \in \mathfrak{p}, y \neq 0$,则由整性得存在如下方程

$$y^n + a_1 y^{n-1} + \cdots + a_n = 0,$$

其中 $a_i \in \mathbb{Z}, a_n \neq 0$. 实际上,只要取 y 的次数最小的整系数方程即可. 由此 $a_n \in \mathfrak{p} \cap \mathbb{Z}$,故 $\mathfrak{p} \cap \mathbb{Z} \neq 0$. □

定义 2.7.9 整环 R 称为**整闭**的,如果分式域 $\mathrm{Frac}(R)$ 中在 R 上整的元素均在 R 中.

定理 2.7.10 代数整数环 $\mathcal{O}_K$ 是整闭整环.

证明 由本节习题 2.7 第 1 题知 $K = \mathrm{Frac}(R)$. 设 $x \in K$ 在 $\mathcal{O}_K$ 上整, 则 x 满足方程

$$x^m + a_1 x^{m-1} + \cdots + a_{m-1} x + a_m = 0,$$

这里 $a_i \in \mathcal{O}_K$. 从而, $A = \mathbb{Z}[a_1, \cdots, a_m, x]$ 是有限生成的加法群. 考虑 A 上的自同态

$$\varphi : A \longrightarrow A, \quad a \longmapsto xa.$$

与定理 2.4.16 中的证明步骤一样, 我们可以找到首一的整系数多项式 $f(X)$ 满足 $f(\varphi) = 0$. 类似地, 可以得出 $f(x) = 0$, 即 x 仍是代数整数, 所以 $x \in \mathcal{O}_K$. □

定理 2.7.11 设 K 是代数数域, $\mathcal{O}_K$ 是其代数整数环, 则 $\mathcal{O}_K$ 的任何非零理想 $\mathfrak{a}$ 均是秩 $n = [K : \mathbb{Q}]$ 的自由交换群, 这里 n 是 K 作为 $\mathbb{Q}$-向量空间的维数. 换言之, 存在 $\omega_1, \cdots, \omega_n \in \mathfrak{a}$, 使得 $\mathfrak{a} = \mathbb{Z}\omega_1 \oplus \cdots \oplus \mathbb{Z}\omega_n$. 特别地, $\mathcal{O}_K$ 是秩 n 的自由交换群.

证明 我们先证明 $\mathcal{O}_K$ 是秩 n 的自由交换群. 令 $\sigma_1, \cdots, \sigma_n$ 是 K 到 $\mathbb{C}$ 的 n 个 $\mathbb{Q}$ 嵌入 (因特征 0 的域有限扩张均是可分扩张 (见定义 3.3.1), 故 $K/\mathbb{Q}$ 是单扩张 $K = \mathbb{Q}[u]$ (定理 3.3.3), 且使得 $f(u) = 0$ 的有理系数极小多项式 $f(X)$ 的次数 n. 由定理 3.2.5 的第二步证明过程知, K 到 $\mathbb{C}$ 的 $\mathbb{Q}$ 嵌入的个数等于 $f(X)$ 的根的个数 n), 则有迹映射 (参看定理 3.6.3)

$$\mathrm{Tr} : K \to \mathbb{Q}, \quad x \mapsto \sum_{i=1}^n \sigma_i x.$$

对任意 $x \in \mathcal{O}_K$, 由于 $\sigma_i(x) \in \mathcal{O}_K$, 故 $\mathrm{Tr}(x) \in \mathcal{O}_K$, 进而 $\mathrm{Tr}(x) \in \mathbb{Q} \cap \mathcal{O}_K = \mathbb{Z}$.

设 $\alpha_1, \cdots, \alpha_n$ 是向量空间 K 的一组 $\mathbb{Q}$ 基. 我们可以找到一个有理整数 $0 \neq r \in \mathbb{Z}$ 使得 $r\alpha_i \in \mathcal{O}_K$, $i = 1, \cdots, n$. 从而 $r\alpha_1, \cdots, r\alpha_n$ 仍是向量空间 K 的一组 $\mathbb{Q}$ 基, 所以我们不妨一开始就设 $\alpha_i \in \mathcal{O}_K$, $i = 1, \cdots, n$. 考虑群同态映射

$$T : \mathcal{O}_K \to \mathbb{Z}^n, \quad x \mapsto (\mathrm{Tr}(x\alpha_1), \cdots, \mathrm{Tr}(x\alpha_n)).$$

若 $t \in \ker T$, 则 $\mathrm{Tr}(t\alpha_i) = 0$, $i = 1, \cdots, n$. 进而, 对任意 $\gamma = \sum_{i=1}^n x_i \alpha_i \in K$, 有 $\mathrm{Tr}(t\gamma) = 0$, 其中 $x_i \in \mathbb{Q}$. 显然 $\mathrm{Tr}(K) \neq 0$, 因此由定理 3.6.2(i) 知 $t = 0$, 即 T 是单射. 一方面, 由 $T(\mathcal{O}_K) \subset \mathbb{Z}^n$ 及定理 1.9.8 知 $\mathrm{rk}(\mathcal{O}_K) \leqslant n$. 另一方面, $\mathcal{O}_K$

至少含有 n 个生成元 $\alpha_1, \cdots, \alpha_n$ 在 $\mathbb{Z}$ 上线性无关, 所以 $\operatorname{rk}(\mathcal{O}_K) \geqslant n$. 综上可得 $\operatorname{rk}(\mathcal{O}_K) = n$.

设 $\mathfrak{a}$ 是 $\mathcal{O}_K$ 非零理想, 则 $\mathfrak{a}$ 是无挠交换群. 取 $0 \neq a \in \mathfrak{a}$, 由于 $\mathcal{O}_K a \subset \mathfrak{a} \subset \mathcal{O}_K$, 故由定理 1.9.8 知 $\operatorname{rk}(\mathcal{O}_K a) \leqslant \operatorname{rk}(\mathfrak{a}) \leqslant \operatorname{rk}(\mathcal{O}_K)$. 又因为有群同构 $\mathcal{O}_K a \cong \mathcal{O}_K$, 所以 $\operatorname{rk}(\mathcal{O}_K a) = \operatorname{rk}(\mathcal{O}_K)$. 因此有 $\operatorname{rk}(\mathfrak{a}) = \operatorname{rk}(\mathcal{O}_K)$. □

推论 2.7.12 代数整数环 $\mathcal{O}_K$ 的每个理想都是有限生成的.

证明 此推论由定理 2.7.11中每个非零理想是秩 n 的交换群得到. □

定义 2.7.13 若交换环 R 的每个理想都是有限生成的, 则 R 称为**诺特环** (Noetherian ring).

定义 2.7.14 设 R 是整闭诺特整环. 如果 R 的每个非零素理想都是极大理想, 那么 R 称为戴德金环.

定理 2.7.15 代数数域 K 的代数整数环 $\mathcal{O}_K$ 是戴德金环.

证明 这由定理 2.7.8, 定理 2.7.10和推论 2.7.12得到. □

戴德金环的一个显著性质就是理想具有唯一分解定理. 对于代数整数环而言, 元素唯一分解为素元乘积一般不成立, 但在理想层面总是成立的.

定理 2.7.16 设 R 是戴德金环, $\mathfrak{a}$ 是 R 的非零理想且 $\mathfrak{a} \neq R$. 那么 $\mathfrak{a}$ 可以分解为非零素理想的乘积

$$\mathfrak{a} = \mathfrak{p}_1 \cdots \mathfrak{p}_r,$$

且分解在不计次序的情况下是唯一的.

证明 证明可参考文献 [13] 中的定理 2.1. □

习题 2.7

1. 设 $f(x)$ 是 $\mathbb{Z}[x]$ 中首一多项式, $g(x) \in \mathbb{Q}[x]$ 是 $f(x)$ 的首一多项式因子. 证明: $g(x) \in \mathbb{Z}[x]$.
2. 设 α 是代数数, $f(x)$ 为 α 在 $\mathbb{Q}$ 上的首一极小多项式 (即以 α 为根的次数最低的多项式), 则 α 是代数整数的充要条件是 $f(x) \in \mathbb{Z}[x]$.
3. 证明: 对每个代数数 α 均存在非零整数 $n \in \mathbb{Z}$ 使得 $n\alpha$ 是代数整数.
4. 设 $\mathfrak{a}$ 是代数整数环 $\mathcal{O}_K$ 的非零理想. 证明: 商环 $\mathcal{O}_K/\mathfrak{a}$ 是有限环.
5. 令 $\zeta = e^{2\pi i/p}$ 是 p 次单位根, 这里 p 是素数.
   (a) 取整数 r, s 满足 $\gcd(p, rs) = 1$, 证明: $\dfrac{\zeta^r - 1}{\zeta^s - 1}$ 是 $\mathbb{Z}[\zeta]$ 中的单位. 这在分圆域中是很重要的一类单位, 称为**分圆单位**.
   (b) 证明: 主理想 $(1-\zeta)$ 是环 $\mathbb{Z}[\zeta]$ 的素理想, 并且有 $\mathbb{Z}[\zeta]p = (1-p)^{p-1}$.
   (c) 证明: $\mathbb{Z}[\zeta]$ 是 p 次分圆域 $\mathbb{Q}[\zeta]$ 的代数整数环.

第 3 章

域及伽罗瓦理论

域的例子早已皆知,即有理数域. 毕达哥拉斯 (Pythagoras, 约公元前 580—约公元前 500) 认为万物皆数,那里的数指有理数. 直至 $\sqrt{2}$ 的发现引入了无理数,人们对数的认识也扩展到实数,不过,实数的严格构建直到 19 世纪才完成. 虚数的引入是因解三次代数方程创造的,最初也仅是为了方便表示方程的根. 当高斯引入复数的几何表示后,虚数也不再是虚无缥缈的数,而有了直观的几何解释.

高斯 1796 年考察了有限域 ($\mathbb{F}_p$) 系数方程解的个数,大约 150 年后韦伊 (André Weil, 1906—1998) 重新审视高斯的结果而得到了对代数几何影响深远的韦伊猜想. 有限域的一般构造则是伽罗瓦给出的. 伽罗瓦天才性的创造是将方程的根式解问题以域扩张的视角看待,继而将域扩张与域的自同构群建立对应,此即有限伽罗瓦对应. 在此对应下,方程的根式解问题转化为对群性质的考察.

本章介绍了域的有限扩张,以及伽罗瓦理论的初步内容. 运用域有限扩张的相关知识理解历史上一些经典问题的解答,例如尺规作图中正 n 边形的作法、三等分角以及倍立方问题. 所涉及的伽罗瓦理论初步内容,足以证明一般五次方程不能有根式解.

3.1 域的扩张

首先,我们给出域扩张的基本定义:

定义 3.1.1 若 F 是域 E 的子域,则称域 E 是域 F 的域扩张,用 E/F 表示.

为了更精确地描述和区分不同的域扩张,需要引入一个能够量化扩张"程度"的概念,即域扩张的次数. 这一概念将借助线性空间的维数进行定义.

定义 3.1.2 设 E 是域 F 的扩张,将 E 看作域 F 上的线性空间,此线性空间的维数称为域扩张 E/F 的次数,记为 $[E:F]$. 如果域扩张的次数有限,则称 E/F 为**有限扩张**.

为了更直观地理解域扩张的次数,我们来看一个具体的例子:

例 3.1.3 将复数域 $\mathbb{C}$ 看作实数域 $\mathbb{R}$ 上的线性空间，其一组基为 $(1, i)$，因此 $[\mathbb{C} : \mathbb{R}] = 2$.

定理 3.1.4 设 F, K, E 是域，满足 $F \subset K \subset E$ (称为扩张的两层塔)，则 $[E : F]$ 有限当且仅当 $[E : K], [K : F]$ 有限. 当 $[E : F]$ 有限时，有
$$[E : F] = [E : K][K : F].$$

证明 假设 $[E : K]$ 与 $[K : F]$ 均有限. 我们在 K 中选取一组 F 基 $e_1, \cdots, e_m$，并在 E 中选取一组 K 基 $f_1, \cdots, f_n$. 则对任意 $x \in E$ 有 $x = \sum_j \alpha_j f_j$，其中 $\alpha_j \in K$. 同样，$\alpha_j = \sum_i p_{ij} e_i$，这里 $p_{ij} \in F$. 因此，$x = \sum_i \sum_j p_{ij} e_i f_j$. 从而，$mn$ 个元素 $e_i f_j$ 可以在 F 上线性生成 E. 假设有 $p_{ij} \in F$ 使得 $\sum_i \sum_j p_{ij} e_i f_j = 0$. 由 $0 = \sum_i \sum_j p_{ij} e_i f_j = \sum_j \left(\sum_i p_{ij} e_i \right) f_j$ 推知 $\sum_i p_{ij} e_i = 0$，进而 $p_{ij} = 0$ 对 $i = 1, \cdots, m, j = 1, \cdots, n$ 成立. 因此，这 mn 个元素 $e_i f_j$ 构成 E/F 的 F 基. 综上，$[E : F] = mn = [E : K][K : F]$.

反之，若 $[E : F]$ 有限，因 K 是 E 的子空间，故 $[K : F]$ 有限. 显然 E 的一组 F 基也在 K 上线性生成 E，故而 $[E : K] \leqslant [E : F]$. □

定义 3.1.5 设 E/F 是域扩张, $a_1, a_2, \cdots, a_n \in E$. 包含 F 和 $\{a_1, a_2, \cdots, a_n\}$ 的所有子域的交是一个子域，称为添加 $a_1, a_2, \cdots, a_n$ 到域 F 所得的域，记为 $F(a_1, a_2, \cdots, a_n)$. 如果存在 $a \in E$ 使得 $E = F(a)$，则称 E/F 是**单扩张**.

例 3.1.6 $\mathbb{Q}(\sqrt{2}) = \{a + b\sqrt{2} | a, b \in \mathbb{Q}\}$ 是有理数域 $\mathbb{Q}$ 的扩张，为添加 $\sqrt{2}$ 到域 $\mathbb{Q}$ 得到的域. 将域 $\mathbb{Q}(\sqrt{2})$ 看作有理数域上的线性空间时，$(1, \sqrt{2})$ 可作为线性空间的一组基，因此 $[\mathbb{Q}(\sqrt{2}) : \mathbb{Q}] = 2$.

定义 3.1.7 设 E/F 是域扩张，$a \in E$. 如果存在 $f(X) \in F[X]$ 使得 $f(a) = 0$，则称 a 为 F 上的代数元，否则称为超越元. 如果 E 中的每个元素都是代数元，则称 E/F 为**代数扩张**.

代数扩张的条件看似严格，但下面将看到它可通过有限性条件得到保证.

定理 3.1.8 如果扩域 E/F 为有限扩张，则 E/F 为代数扩张.

证明 设 $[E : F] = n$，即 E 作为 F 向量空间的维数是 n. 任取 $a \in E$，考虑 E 中的 $n+1$ 个元素 $1, a, a^2, \cdots, a^n$.

由于 E 作为 F 向量空间的维数为 n，而 $n+1$ 个向量 $1, a, a^2, \cdots, a^n$ 的个数大于向量空间的维数，根据向量空间中线性相关的性质可知，这 $n+1$ 个元素在 F 上线性相关. 那么，存在不全为零的 $c_0, c_1, \cdots, c_n \in F$，使得 $c_0 + c_1 a + c_2 a^2 +$

$\cdots + c_n a^n = 0$. 令 $f(x) = c_0 + c_1 x + c_2 x^2 + \cdots + c_n x^n \in F[x]$,则 $f(a) = 0$,且 $f(x)$ 是非零多项式（因为 $c_0, c_1, \cdots, c_n$ 不全为零）.

根据代数元的定义,若存在 $f(x) \in F[x]$ 使得 $f(a) = 0$,则称 a 为 F 上的代数元. 由于 a 是 E 中任意选取的元素,所以 E 中的每个元素都是 F 上的代数元. 根据代数扩张的定义,E/F 是代数扩张. □

定义 3.1.9 设 E/F 是一个代数扩张,$a \in E$,如果存在首一多项式 $f(X) \in F[X]$ 使得 $f(a) = 0$ 且任意次数小于 $\deg f(X)$ 的非零多项式 $g(X) \in F[X]$ 都有 $g(a) \neq 0$,则称 $f(X)$ 是元素 a 在域 E 上的**极小多项式**,记为 $f_a(X)$.

极小多项式在数域 F 上是唯一确定的不可约多项式. 由其不可约性可知 $F[X]/(p(X)) \cong F(a)$,可见极小多项式 $f_a(X)$ 决定了 $F(a)$ 的结构. 设 $\deg f_a(X) = n$,则容易知道 $1, a, a^2, \cdots, a^{n-1}$ 是 F 上线性空间 $F(a)$ 的一组基,也就是说极小多项式也决定了单扩张 $F(a)/F$ 的次数 $[F(a) : F] = n$.

例 3.1.10 考虑域扩张 $\mathbb{Q}(\sqrt{2}, \sqrt{3})/\mathbb{Q}$.

首先,$\mathbb{Q}(\sqrt{2}, \sqrt{3})$ 作为 $\mathbb{Q}$ 上的线性空间,可以选取一组基为 $(1, \sqrt{2}, \sqrt{3}, \sqrt{6})$. 另一方面,取 $\alpha = \sqrt{2} + \sqrt{3}$,计算可得

$$(1, \alpha, \alpha^2, \alpha^3) = (1, \sqrt{2}, \sqrt{3}, \sqrt{6}) \begin{pmatrix} 1 & 0 & 5 & 0 \\ 0 & 1 & 0 & 11 \\ 0 & 1 & 0 & 9 \\ 0 & 0 & 2 & 0 \end{pmatrix}$$

$$= (1, \sqrt{2}, \sqrt{3}, \sqrt{6}) \boldsymbol{A}.$$

由于 $\det \boldsymbol{A} = 4$,所以 $(1, \alpha, \alpha^2, \alpha^3)$ 也是线性空间 $\mathbb{Q}(\sqrt{2}, \sqrt{3})$ 的一组基. 这表明

$$\mathbb{Q}(\sqrt{2}, \sqrt{3}) = \mathbb{Q}(\sqrt{2} + \sqrt{3}).$$

下面计算元素 α 的极小多项式. 在上述计算的基础上再进一步可知

$$(1, \alpha, \alpha^2, \alpha^3, \alpha^4) = (1, \sqrt{2}, \sqrt{3}, \sqrt{6}) \begin{pmatrix} 1 & 0 & 5 & 0 & 49 \\ 0 & 1 & 0 & 11 & 0 \\ 0 & 1 & 0 & 9 & 0 \\ 0 & 0 & 2 & 0 & 20 \end{pmatrix}$$

$$= (1, \sqrt{2}, \sqrt{3}, \sqrt{6}) \boldsymbol{B}.$$

寻找极小多项式 $f_\alpha(X) = X^4 + a_3 X^3 + a_2 X^2 + a_1 X + a_0$,只需

$$\boldsymbol{B}(a_0, a_1, a_2, a_3, a_4)^{\mathrm{T}} = 0,$$

其中 $(a_0, a_1, a_2, a_3, a_4)^T$ 是向量的转置. 找出方程的一组非零解, 代入即得 $f_\alpha(X) = X^4 - 10X^2 + 1$.

下面使用有限扩张的相关概念解决几何作图中的三个经典问题: 三等分角、倍立方和作正七边形. 要想深刻地理解几何作图中的问题, 关键是将几何问题转化为代数语言. 这里所讨论的几何作图问题是指用没有刻度的直尺和圆规进行作图, 作图的一系列步骤可以分为下述步骤:

1. 使用直尺连接两个点;
2. 作出两直线的交点;
3. 以一点为中心, 定长为半径画一个圆;
4. 作出一个圆和另外一个圆或一条直线的交点.

如果元素已经给出或者作出, 那么这些元素可以作为已知量供后续作图使用. 为表述方便, 可以认为整个作图过程是在建立了直角坐标的平面上进行的, 将任意给定的线段长度定义为单位长度. 由尺规作图的基本方法知道, 可以作出整个有理数域 $\mathbb{Q}$. 对于有理数域 $\mathbb{Q}$ 中的任意正数 a, 利用直尺和圆规可作出 $\sqrt{a}$(见图 3.1). 此时通过尺规作图, 将有理数域扩张为 $\mathbb{Q}(\sqrt{a})$. 对新得到的域重复上述过程, 可得到域塔
$$\mathbb{Q} = F_0 \subset F_1 \subset \cdots \subset F_m,$$
其中 $[F_{i+1} : F_i] = 2, i = 0, 1, 2, \cdots, m-1$.

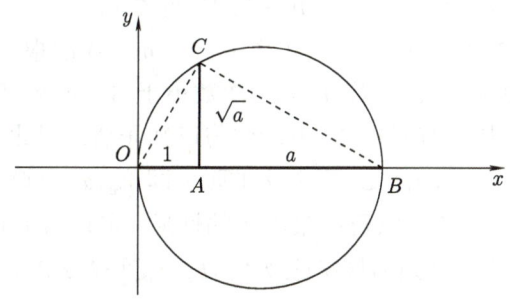

图 3.1 通过尺规作出 $\sqrt{a}$

下面说明, 如果只用直尺和圆规, 就只能得到上述类型的域扩张. 在作图过程中, 圆规起到的作用主要是确定一个圆与另一个圆或者直线的交点. 从代数的角度看, 圆的方程一般为 $(x-x_0)^2 + (y-y_0)^2 = r^2$, 直线方程为 $Ax + By + C = 0$. 作图中所确定的圆与圆的联立方程组的解, 或者圆与直线的联立方程组的解, 都可用平方根表示. 具体来说, 对于圆与直线的联立方程组, 将直线方程 $y = -\dfrac{A}{B}x - \dfrac{C}{B}$

（$B \neq 0$）代入圆的方程，会得到一个关于 x 的二次方程 $ax^2 + bx + c = 0$，根据求根公式 $x = \dfrac{-b \pm \sqrt{b^2 - 4ac}}{2a}$，其解可用平方根表示. 同理，圆与圆的联立方程组也可以通过消元转化为类似的二次方程求解问题. 这意味着通过尺规作图确定的新点所对应的坐标，在数域上的表现就是在原数域的基础上添加了平方根，从而实现了域的扩张.

总的来说，仅使用直尺不能够使得域扩大，但结合圆规就可以使域扩张为更大的域. 尺规作图所得到的域扩张都是通过不断添加 $\sqrt{a}$ 而得到的扩域.

由于三个经典问题都依赖于三次方程的解，因此这里首先讨论三次方程的解何时可由一系列二次扩张得到.

定理 3.1.11 设 x_1, x_2, x_3 是有理数域 $\mathbb{Q}$ 上三次方程

$$x^3 + bx^2 + cx + d = 0$$

的三个根. 如果 x_1, x_2, x_3 都不在 $\mathbb{Q}$ 中，则 x_1, x_2, x_3 都不是尺规作图可以作出的数.

证明 下面用反证法证明该命题. 假设 x_1 可由尺规作图作出，则存在域塔

$$\mathbb{Q} = F_0 \subset F_1 \subset \cdots \subset F_m,$$

其中 $[F_{i+1} : F_i] = 2$, $i = 0, 1, 2, \cdots, m-1$，且 $x_1 \in F_m$.

因为 x_1 是三次方程 $f(x) = x^3 + bx^2 + cx + d = 0$ 的根，所以 x_1 在 $\mathbb{Q}$ 上的极小多项式 $f_{x_1}(x)$ 整除 $f(x)$. 若 $f_{x_1}(x)$ 次数小于 3，那么 $f(x)$ 就会在 $\mathbb{Q}$ 上可约，存在一次因式，从而有根在 $\mathbb{Q}$ 中，这与已知矛盾. 因此 $f_{x_1}(x)$ 的次数为 3，即 $f_{x_1}(x) = f(x)$. 所以 $\mathbb{Q}(x_1)/\mathbb{Q}$ 是 3 次扩张，即 $[\mathbb{Q}(x_1) : \mathbb{Q}] = 3$.

根据 $\mathbb{Q} \subset \mathbb{Q}(x_1) \subset F_m$ 以及扩张次数的性质（定理 3.1.4）可知，$[F_m : \mathbb{Q}] = [F_m : \mathbb{Q}(x_1)][\mathbb{Q}(x_1) : \mathbb{Q}]$. 又因为域扩张次数 $[F_m : \mathbb{Q}]$ 是 2 的幂 2^n，这就导出 $3 | 2^n$，矛盾.

同理，x_2 和 x_3 不可用尺规作出. □

定理 3.1.12 只使用直尺和圆规不能够三等分任意角.

证明 要证明该定理，只需要说明有角度无法用尺规三等分即可. 这里设角度 $\theta = 60°$，由余弦的关系式

$$\cos(\theta) = 4\cos^3\left(\frac{\theta}{3}\right) - 3\cos\left(\frac{\theta}{3}\right)$$

可知，想要用尺规作图作出 20°，需要作出三次方程

$$8x^3 - 6x - 1 = 0$$

的某个根．该方程的有理根只可能是满足 $r|8, s|1$ 的 $\dfrac{s}{r}$．将其代入方程验证可知，该三次方程没有有理根，因此由定理 3.1.11 知所有的根都不能通过尺规作图得到．□

定理 3.1.13　对于给定的立方体，体积为 V，则仅用直尺和圆规无法作出体积为 $2V$ 的立方体．

证明　不妨认为给定立方体的边长为单位长度，此时体积为 1．想用直尺和圆规作出体积为 2 的立方体，需要作出长度为 $\sqrt[3]{2}$ 的线段，也就是用尺规作图构造出方程

$$x^3 - 2 = 0$$

的某个根．由艾森斯坦判别法可知该方程没有有理根，因此由定理 3.1.11 得 $\sqrt[3]{2}$ 不能通过尺规作图得到．□

定理 3.1.14　仅用直尺和圆规无法作出正七边形．

证明　不妨认为是在给定的单位圆中作内接正七边形，也就是作出复平面上的正七边形的顶点，因此用代数的语言就是构造出

$$x^7 - 1 = 0$$

的一个 7 次单位根．由于方程中有一个根 $x = 1$ 是已知的，所以方程化简为

$$x^6 + x^5 + x^4 + x^3 + x^2 + x + 1 = 0.$$

通过参数替换 $y = x + \dfrac{1}{x}$，方程化简为

$$y^3 + y^2 - 2y - 1 = 0.$$

由复平面上长度为 1 的数 x 与 $\dfrac{1}{x}$ 是共轭的可知，$y = 2\mathrm{Re}(x)$．在复平面上，如果使用尺规作图能够构造出实数 y，结合单位元就可以确定复数 x．因此，在尺规作图过程中构造出 y 和构造出 x 是等价的．由于方程的有理根只可能是 1 或者 -1，代入验证知二者都不是方程的解，因此尺规作图无法构造出方程的根 y．□

注记 3.1.15　费马试图给出部分素数的表达公式时引出了费马数．设 $p = 2^{2^t} + 1, t \in \mathbb{Z}_{\geqslant 0}$，形如上述的数称为费马数．可以验证，$t = 0, 1, 2, 3, 4$ 时 p 皆为素

数，进而费马猜测费马数皆为素数. 欧拉对 $t=5$ 时给予否认. 时至今日，也仅发现那五个费马素数. 巧合的是费马素数竟与正 n 边形的尺规作图有关联. 正 n 边形可尺规构造当且仅当有素因子分解 $n = 2^s p_1 \cdots p_k$，其中 $p_1, \cdots, p_k$ 为不同的费马素数 (可参阅文献 [15] 中的定理 9.8.4). 高斯在 18 岁时证明

$$\cos\left(\frac{2\pi}{17}\right) = \frac{-1}{16} + \frac{\sqrt{17}}{16}$$
$$+ \frac{\sqrt{34-2\sqrt{17}}}{16} + \frac{1}{8}\sqrt{17+3\sqrt{17}-\sqrt{34-2\sqrt{17}}-2\sqrt{34+2\sqrt{17}}},$$

这使得他决定要成为一名数学家.

习题 3.1

1. 设 K 是代数闭域，即 K 上的不可约多项式都是一次因式. 证明: K 必是无限域.
2. 设 K/F 是有限域扩张，且 $[K:F] = p$ 是素数. 证明: 任一元素 $\alpha \in K \setminus F$ 在 F 上生成 K，即 $K = F(\alpha)$.
3. 试用其他方法计算 $\sqrt{2}+\sqrt{3}$ 在 $\mathbb{Q}$ 上的极小多项式.
4. 设 $\zeta_8 = e^{2\pi i/8}$ 是 8 次单位根. 问: 域扩张次数 $[\mathbb{Q}(\zeta_8):\mathbb{Q}]$ 是多少？
5. 试说明可否用尺规三等分 90° 角.

3.2 分裂域

在域论研究里，域扩张与多项式根的探究至关重要. 域扩张试图从基域出发，借添加元素构建更大的域，多项式根的性质与分布则贯穿诸多数学领域. 分裂域作为关键概念，将二者紧密相连. 下面详细介绍分裂域相关的基本概念.

定义 3.2.1 设 $f(X) \in F[X]$，如果 $f(X)$ 在 F 的扩域 E 上能分裂成一次因式的乘积，且在 E 的任意真子域上都不能分裂成一次因式的乘积，则称代数扩域 E/F 为 $f(X)$ 的**分裂域**.

多项式 $f(X)$ 的分裂域本质上就是 F 添加上 $f(X)$ 的所有根生成的域.

例 3.2.2 (1) $\mathbb{Q}(\sqrt{2})$ 是多项式 X^2-2 的分裂域;

(2) 设 ω 是 3 次单位根，尽管 X^3-1 在复数域 $\mathbb{C}$ 上可分裂成一次因式的乘积，但 X^3-1 的分裂域是 $\mathbb{Q}(\omega)$;

(3) $\mathbb{Q}(\sqrt[3]{2})$ 不是多项式 X^3-2 的分裂域.

首先，分析多项式 X^3-2 的根. 对于多项式 $g(X) = X^3-2 \in \mathbb{Q}[X]$，设 $\omega = e^{\frac{2\pi i}{3}} = -\frac{1}{2}+i\frac{\sqrt{3}}{2}$，它是 3 次单位根，满足 $\omega^2 = e^{\frac{4\pi i}{3}} = -\frac{1}{2}-i\frac{\sqrt{3}}{2}$ 且 $\omega^3 = 1$. 由 $X^3-2=0$，可得 $X^3=2$，其根为 $r_1 = \sqrt[3]{2}$, $r_2 = \omega\sqrt[3]{2}$, $r_3 = \omega^2\sqrt[3]{2}$.

其次，验证 $\mathbb{Q}(\sqrt[3]{2})$ 不是分裂域。在 $\mathbb{Q}(\sqrt[3]{2})$ 中，元素都可以表示为 $a+b\sqrt[3]{2}+c(\sqrt[3]{2})^2$ 的形式，其中 $a,b,c \in \mathbb{Q}$。而 $\omega\sqrt[3]{2} \notin \mathbb{Q}(\sqrt[3]{2})$，因为若 $\omega\sqrt[3]{2} = a+b\sqrt[3]{2}+c(\sqrt[3]{2})^2$，等式左边是复数（虚部不为 0），右边是实数域 $\mathbb{Q}$ 上关于 $\sqrt[3]{2}$ 的线性组合（虚部为 0），会产生矛盾。

由于 $X^3 - 2$ 在 $\mathbb{Q}(\sqrt[3]{2})$ 上不能分解成一次因式的乘积（因为缺少根 $\omega\sqrt[3]{2}$ 和 $\omega^2\sqrt[3]{2}$），所以 $\mathbb{Q}(\sqrt[3]{2})$ 不是多项式 $X^3 - 2$ 的分裂域。

(4) 令 ζ 是 n 次本原单位根，$\mathbb{Q}(\sqrt[n]{2}, \zeta)$ 是多项式 $X^n - 2$ 的分裂域。

对于多项式 $h(X) = X^n - 2 \in \mathbb{Q}[X]$，设 ζ 是 n 次本原单位根，即 $\zeta = e^{\frac{2\pi i}{n}}$，满足 $\zeta^n = 1$ 且 $\zeta^k \neq 1$ 对于 $1 \leq k < n$。方程 $X^n - 2 = 0$ 的根为 $r_k = \zeta^k \sqrt[n]{2}$，其中 $k = 0, 1, \cdots, n-1$。

下面验证 $\mathbb{Q}(\sqrt[n]{2}, \zeta)$ 是分裂域。首先，在 $\mathbb{Q}(\sqrt[n]{2}, \zeta)[X]$ 中，$X^n - 2 = (X - \sqrt[n]{2})(X - \zeta\sqrt[n]{2})\cdots(X - \zeta^{n-1}\sqrt[n]{2})$，即 $X^n - 2$ 在 $\mathbb{Q}(\sqrt[n]{2}, \zeta)$ 上可分解成了一次因式的乘积。其次，$\mathbb{Q}(\sqrt[n]{2}, \zeta)$ 是包含 $\mathbb{Q}$ 和所有根 $\zeta^k\sqrt[n]{2}(k = 0, 1, \cdots, n-1)$ 的最小域。因为 $\mathbb{Q}(\sqrt[n]{2}, \zeta)$ 是由 $\mathbb{Q}$ 添加 $\sqrt[n]{2}$ 和 ζ 生成的域，任何包含 $\mathbb{Q}, \sqrt[n]{2}$ 和 ζ 的域必然包含所有的 $\zeta^k\sqrt[n]{2}(k = 0, 1, \cdots, n-1)$，所以 $\mathbb{Q}(\sqrt[n]{2}, \zeta)$ 是多项式 $X^n - 2$ 的分裂域。

定理 3.2.3　设 $f(X) \in F[X]$ 是不可约多项式，则 $F[X]/(f(X))$ 是 F 的域扩张，且存在 $f(X)$ 的一个根。

证明　参看命题 2.5.14。　□

定理 3.2.4　设 F 是一个域，则任意 $f(X) \in F[X]$ 都存在分裂域。

证明　参看定理 2.5.15。　□

定理 3.2.5　设 $\varphi: F \to F'$ 是一个域同构，定义

$$\varphi^*: F[X] \longrightarrow F'[X]$$

$$\sum a_i X^i \longmapsto \sum \varphi(a_i) X^i.$$

令 E 是多项式 $f(X) \in F[X]$ 的一个分裂域，E' 是多项式 $f^*(X) := \varphi^*(f(X)) \in F'[X]$ 的一个分裂域。那么

(i) 存在 E 到 E' 的同构映射 Φ 满足 $\Phi|_F = \varphi$。

(ii) 若 $f(X)$ 无重根，则存在 $[E:F]$ 个同构 $\Phi: E \to E'$ 使得 $\Phi|_F = \varphi$。

证明

(i) 设 $[E:F] = k$，下面对 k 使用数学归纳法。

当 $k=1$ 时, 由 $E=F$ 可知 $f(X)$ 的分裂域为 E, 即 $f(X)$ 在 E 上可以分解成一次因式的乘积:

$$f(X) = (X-x_1)(X-x_2)\cdots(X-x_m).$$

因此由

$$f^*(X) = (X-\varphi(x_1))(X-\varphi(x_2))\cdots(X-\varphi(x_m))$$

可知 $f^*(X)$ 在 E' 上可分解成一次因式的乘积, 故有 $E'=F'$. 此时, 取 $\Phi=\varphi$ 可满足条件.

假设定理在 $k \leqslant n$ 时都成立, 下面考察 $k=n+1$ 时的情况. 设 $f(X)$ 的不可约因式 $p(X)$ 满足 $\deg p(X) \geqslant 2$, a 是 $p(X)$ 在 E 上的一个根. 设 $a^* \in F'[X]$ 是 $p^*(X) = \varphi^*(p(X)) \in F'[X]$ 的一个根, 则存在唯一同构映射 $\psi: F(a) \to F(a^*)$. 此时 $[E:F] = [E:F(a)][F(a):F]$, 又由 $\deg p(x) \geqslant 2$ 可知 $[F(a):F] \geqslant 2$. 因此 $[E:F(a)] < n$, 由假设可知定理成立.

(ii) 首先, 考察任意域扩张 $K/F, K'/F'$. 设 $\theta \in K$ 是代数元, 其极小多项式为 $g=g_\theta(X) \in F[X]$. 我们断言, 当且仅当 g^* 在 K' 中有根时, 同构 $\varphi: F \to F'$ 可延拓为单射 $\rho: F(\theta) \to K'$, 并且延拓的个数与 g^* 在 K' 中不相同根的个数一致. 事实上, 由 θ 是 g 的根可知 $\rho(\theta)$ 是 g^* 的根. 反之, 若有 $g^*(\omega)=0$, 则同态

$$\psi: F[X] \longrightarrow K', \quad u(X) \longmapsto u^*(\omega),$$

诱导出同态 $\widetilde{\psi}: F[X]/\ker\psi \hookrightarrow K'$. 显然, 有理想的包含 $(g) \subseteq \ker\psi$, 从而有同态 $i: F[X]/(g) \to F[X]/\ker\psi$. 由于极小多项式 g 不可约, 所以 $F[X]/(g)$ 是域. 因此映射 $i \circ \widetilde{\psi}: F[X]/(g) \to K'$ 是单射. 此时, 映射

$$\sigma: F[X]/(g) \longrightarrow F[\theta], \quad u(X)+(g) \longmapsto u(\theta)$$

是同构. 从而, 合成

$$\rho = i \circ \widetilde{\psi} \circ \sigma^{-1}: F(\theta) \longrightarrow K', \quad \theta \longmapsto \omega$$

是单射. 显然, ρ 是将 θ 映成 ω 的唯一延拓; 同时也说明延拓 $\rho|_F = \varphi$ 的个数恰好是 $g^*(X)$ 在 K' 中不同根的个数.

下面对域次数 $[E:F]$ 归纳地证明. 当 $[E:F]=1$ 时, 有 $E=F$, 此时仅有一个扩张, 即 $\Phi=\varphi$. 若 $[E:F]>1$, 我们将 $f(X)$ 分解成不可约多项式的乘积, 其

中必有不可约因式 $g(X)$ 使得 $\deg g(X) = m > 1$. 设 $f(X) = g(X)h(X)$, 则在 F' 上有 $f^*(X) = g^*(X)h^*(X)$. 故在分裂域 E, E' 上有分解

$$g(X) = (X - \theta_1) \cdots (X - \theta_m)$$

$$g^*(X) = (X - \omega_1) \cdots (X - \omega_m), \quad m \leqslant n.$$

由 $g(X)$ 在 F 上不可约, 故 $g(X)$ 是 θ_1 的极小多项式, 并且 $[F(\theta_1) : F] = m$. 由于 $f(X)$ 无重根, 故 $\omega_1, \cdots, \omega_m$ 是不同的根. 从而, 前面的断言说明存在 m 个 $F(\theta_1)$ 到 E' 的单射 $\rho_1, \cdots, \rho_m$ 使得 $\rho|_F = \varphi$. 显然, E (对应的,E') 也是 $f(X)$ (对应的,$f^*(X)$) 在 $F(\theta_1)$ (对应的,$F'(\omega_1)$) 上的分裂域. 由定理 3.1.4 知 $[E : F(\theta_1)] = [E : F]/m < [E : F]$, 则归纳假设说明每个 $\rho_i, i = 1, \cdots, m$, 可延拓为 $[E : F(\theta_1)]$ 个同构 $\Phi_{i,j} : E \to E'$. 每个 $\Phi_{i,j}$ 均是 φ 的延拓, 并且均不相同, 所以共有 $[E : F]$ 个同构使得 $\Phi|_F = \varphi$. □

推论 3.2.6 $f(X) \in F[X]$ 的分裂域在同构意义下是唯一的.

证明 上述定理中取 $F = F'$, φ 为恒等映射, 命题可证. □

推论 3.2.7 任意两个含有 p^n 个元素的有限域都是同构的.

证明 设域 E 有 $q = p^n$ 个元素, 则对任意 $a \in E^\times$ 有 $a^{q-1} = 1$. 从而, E 中每个元素均是方程 $X^q - X = 0$ 的根. 因此, E 是多项式 $X^q - X \in \mathbb{F}_p[X]$ 的分裂域. □

例 3.2.8 有理数域 $\mathbb{Q}$ 上多项式 $X^n - 1$ 的分裂域是 $\mathbb{Q}(\zeta_n)$, 这里 $\zeta_n = \mathrm{e}^{2\pi\mathrm{i}/n}$ 是 n 次本原单位根, 即满足 $X^n = 1$ 最低次数是 n 的单位根, 从而 $\langle \zeta_n \rangle = \{z \in \mathbb{C} : z^n = 1\}$. 域 $\mathbb{Q}(\zeta_n)$ 称为 n 次**分圆域**. 由于任一 $\mathbb{Q}(\zeta_n)$ 上的自同构 σ 将 $\langle \zeta_n \rangle$ 的生成元 ζ_n 映成生成元 $\sigma(\zeta_n)$, 故 σ 诱导出循环群 $\langle \zeta_n \rangle$ 上的自同构. 又 $\langle \zeta_n \rangle \cong \mathbb{Z}/n\mathbb{Z}$, 其有 $\phi(n)$ 个自同构. 从而定理 3.2.5说明 $[\mathbb{Q}(\zeta_n) : \mathbb{Q}] \leqslant \phi(n)$.

设 ζ_n 在 $\mathbb{Q}$ 上的首一极小多项式是 $f(X)$, 则在 $\mathbb{Q}$ 上有 $X^n - 1 = f(X)h(X)$. 由高斯引理知 $f(X), h(X)$ 均是整系数多项式. 设 p 是不整除 n 的素数, 则 ζ_n^p 也是 n 次本原单位根. 下面说明 ζ_n^p 也是 $f(X)$ 的根. 假设 ζ_n^p 不是 $f(X)$ 的根, 那么 ζ_n^p 是 $h(X)$ 的根, 从而 ζ_n 是 $h(X^p)$ 的根. 因此, $f(X) \mid h(X^p)$, 故有分解

$$h(X^p) = f(X)g(X).$$

因为 $f(X)$ 是首一整系数多项式, 故 $g(X)$ 也是整系数多项式. 考虑整系数多项式模 p 的约化映射

$$\mathbb{Z}[X] \longrightarrow \mathbb{F}_p[X], \quad \sum_i a_i X^i \longmapsto \sum_i \bar{a}_i X^i = \sum_i a_i X^i \mod p,$$

因此, 在 $\mathbb{F}_p[X]$ 有
$$\bar{h}(X^p) = \bar{h}(X)^p, \quad \bar{h}(X^p) = \bar{f}(X)\bar{g}(X).$$
这说明 $\bar{f}(X), \bar{h}(X)$ 在 $\mathbb{F}_p[X]$ 不互素, 因而 $X^n - \bar{1} = \bar{f}(X)\bar{h}(X)$ 有重根. 但 $X^n - \bar{1}$ 没有重根 (考虑导数即看出), 矛盾, 因此 ζ_n^p 也是 $f(X)$ 的根.

任一 n 次本原单位根均是 ζ_n^r 的形式, 这里 $(r,n) = 1$. 将 r 写成素数的乘积后, 应用上述结论立即得出 ζ_n^r 也是 $f(X)$ 的根. 因而 $[\mathbb{Q}(\zeta_n) : \mathbb{Q}] = \deg f(X) \geqslant \phi(n)$. 综上, $[\mathbb{Q}(\zeta_n) : \mathbb{Q}] = \phi(n)$.

例 3.2.9 令 $E = \mathbb{C}(t_1, \cdots, t_n)$ 是复数域 $\mathbb{C}$ 上的 n 个变量 $t_1, \cdots, t_n$ 的有理函数域, 也就是多项式环 $\mathbb{C}[t_1, \cdots, t_n]$ 的分式域. 考虑 $E[X]$ 上的多项式 $f(X) = (X - t_1) \cdots (X - t_n) = X^n + a_1 X^{n-1} + \cdots + a_n$, 其中 $a_i \in E, i = 1, 2, \cdots, n$. 令 $F = \mathbb{C}(a_1, \cdots, a_n)$, 显然, $f(X) \in F[X]$. 进一步, E 是 $f(X)$ 的分裂域.

分裂域的另一种刻画是正规扩张, 这是从不可约多项式在扩域中的分解情况考虑的.

定义 3.2.10 代数扩张 E/F 称为**正规扩张**, 如果 $F[X]$ 的每个不可约多项式 $f(X)$ 在 E 中有根, 则 $f(X)$ 在 E 上可分解为一次因式的乘积.

定理 3.2.11 有限扩张 E/F 是正规扩张等价于 E 是某多项式 $f(X) \in F[X]$ 的分裂域.

证明 设 E/F 是有限正规扩张, 则 $E = F(\alpha_1, \cdots, \alpha_r)$, 其中 $\alpha_i, i = 1, \cdots, r$ 是 F 上的代数元. 设 $f_i(X)$ 是 α_i 在 F 上的极小多项式. 令 $f(X) = \prod_{i=1}^{r} f_i(X)$. 由于 E/F 是正规扩张, 故每个 $f_i(X)$ 在 K 上均可分解为一次因式的乘积, 从而 $f(X)$ 亦然. 令 $f(X) = (X - \beta_1) \cdots (X - \beta_n)$, 则 $F(\beta_1, \cdots, \beta_n) \subseteq E$. 反过来, $E = F(\alpha_1, \cdots, \alpha_r) \subseteq F(\beta_1, \cdots, \beta_n)$. 因此, 有 $F(\beta_1, \cdots, \beta_n) = E$, 即 E 是 $f(X)$ 的分裂域.

设 E/F 是 $f(X) \in F[X]$ 的分裂域. 取 $p(X) \in F[X]$ 是任一不可约多项式, 在 E 中有根 α. 设 K 是 $p(X) \in E[X]$ 的分裂域, 显然 K 也是 $g(X) = f(X)p(X)$ 的分裂域. 设 β 为 $p(X)$ 在 E 上的任一根, 则有一个 $F(\alpha)$ 到 $F(\beta)$ 的同构 τ 使得 $\tau(\alpha) = \beta$. 根据定理 3.2.5(ii), τ 可延拓为 K 上的自同构, 仍记为 τ. 因为 E/F 是 $f(X) \in F[X]$ 的分裂域, 故 $\tau(E) \subseteq E$. 由于 $\alpha \in E$, 故 $\beta = \tau(\alpha) \in E$. 这就说明 E 包含 $p(X)$ 的所有根, 从而 E/F 是正规扩张. □

习题 3.2

1. 求多项式 $X^n - 2$ 的分裂域 E 在 $\mathbb{Q}$ 上的维数.

2. 设 $\Phi_n(X)$ 是 n 次本原单位根在 $\mathbb{Q}$ 上的首一极小多项式, 称为**分圆多项式**.
   (a) 对正整数 n, 证明: 在 $\mathbb{Q}$ 上有因式分解 $X^n - 1 = \prod_{d|n} \Phi_d(X)$.
   (b) 由上述结论证明等式 $n = \sum_{d|n} \phi(n)$.   〈提示〉 比较多项式次数即得.
   (c) 证明: $\Phi_n(X) = \prod_{d|n}(X^d - 1)^{\mu(n/d)}$, 这里 μ 是默比乌斯函数, 见习题 2.4 第 2 题.
   (d) 计算 $\Phi_{12}(X)$.
3. 求多项式 $X^n - 1 \in \mathbb{R}[X]$ 的分裂域 E, 并计算 $[E:\mathbb{R}]$.

3.3 伽罗瓦群

我们先看一类特殊的域扩张.

定义 3.3.1（可分扩张）　设 $f(X) \in F[X]$ 有每个不可约因式在其分裂域上都没有重根, 则称多项式 $f(X)$ 是**可分的**. 对域扩张 E/F, 代数元 $x \in E$ 称为 F 上**可分元**, 如果 x 的极小多项式 $f_x \in F[X]$ 在分裂域中无重根. 若代数扩张 E/F 中每个元都是 F 上的可分元, 则称 E/F 是**可分扩张**.

如果 F 是特征为 0 的域, 那么 $F[X]$ 上的不可约多项式都是可分多项式.

例 3.3.2　设 $F = \mathbb{F}_p(X)$ 是 $\mathbb{F}_p$ 的有理函数域. $f(Y) = Y^p - X \in F[Y]$ 是不可约多项式. 设 $X^{1/p}$ 是 $f(Y) = 0$ 的一个根, 则 $f(Y) = (Y - X^{1/p})^p$, 因此 $E = F(X^{1/p})$ 是 $f(Y)$ 的分裂域, 并且 E/F 是**不可分扩张**.

下面介绍一个有限可分扩张的重要性质.

定理 3.3.3　有限可分扩张 E/F 必是单扩张.

证明　若 F 是有限域, 则 E 也是有限域. 由定理 2.4.9 知 $E^\times$ 是循环群, 故有 $\alpha \in E$ 使得 $E^\times = \langle \alpha \rangle$. 因此, $E = F(\alpha)$ 是单扩张.

若 F 是无限域, 设 $E = F(\alpha_1, \cdots, \alpha_n)$. 下面对 n 归纳证明. 当 $n = 1$ 时结论自然成立. 假设对 $n - 1$ 成立, 即存在 $\beta \in F(\alpha_1, \cdots, \alpha_{n-1})$ 使得
$$F(\alpha_1, \cdots, \alpha_{n-1}) = F(\beta).$$
因而, $E = F(\beta, \alpha_n)$. 设 β, α_n 在 F 上的极小多项式分别是 $f(X), g(X)$. 令 L 是 $f(X)g(X)$ 的分裂域, 那么在 $L[X]$ 中有分解
$$f(X) = (X - \beta_1)(X - \beta_2) \cdots (X - \beta_s), \quad \beta_1 = \beta,$$
$$g(X) = (X - \alpha_{n,1})(X - \alpha_{n,2}) \cdots (X - \alpha_{n,t}), \quad \alpha_{n,1} = \alpha_n.$$
因 α_n 是可分元, 当 $i \neq j$ 时有 $\alpha_{n,i} \neq \alpha_{n,j}$, $1 \leqslant i, j \leqslant t$. 因集合 $S = \left\{ -\dfrac{\beta - \beta_k}{\alpha_n - \alpha_{n,j}} : 1 \leqslant k \leqslant s, 2 \leqslant j \leqslant t \right\}$ 是有限集, 且 F 是无限域, 故有 $c \in F$ 使

得 $c \notin S$. 令 $\theta = \beta + c\alpha_n$, 再令

$$h(X) = ((\theta - cX) - \beta)((\theta - cX) - \beta_2) \cdots ((\theta - cX) - \beta_s).$$

由 $\theta - c\alpha_n = \beta$ 知, $h(\alpha_n) = 0$. 对任意 $\alpha_{n,j}, 2 \leq j \leq t$, 因 $c \notin S$, 故有

$$\theta - c\alpha_{n,j} - \beta_k = \beta + c\alpha_n - c\alpha_{n,j} - \beta_k \neq 0.$$

这说明 $h(\alpha_{n,j}) \neq 0, 2 \leq j \leq t$, 由此知 $h(X), g(X)$ 的最大公因子是 $(h(X), g(X))$ $= X - \alpha_n$. 因为 $h(X), g(X) \in F(\theta)[X]$, 所以 $X - \alpha_n \in F(\theta)[X]$, 从而 $\alpha_n \in F(\theta)$. 进而, $\beta = \theta - c\alpha_n \in F(\theta)$. 由此知

$$F(\theta) \subseteq F(\alpha_n, \beta) \subseteq F(\theta),$$

即 $F(\theta) = F(\alpha_n, \beta)$. □

定义 3.3.4 设 E/F 是一个域扩张, σ 是 E 上的自同构, 如果对任意的 $a \in F$ 都有 $\sigma(a) = a$, 则称 σ 是 F **自同构**.

下面的命题我们可以看出 F 自同构将导致多项式根的置换, 从而和置换群联系到一起.

命题 3.3.5 令 $f(X) = X^n + a_{n-1}X^{n-1} + \cdots + a_1 X + a_0 \in F[X]$, E 是多项式的分裂域. 设 $z_1, \cdots, z_n$ 是 $f(X)$ 在 E 中的根, 则 $E = k(z_1, \cdots, z_n)$. 令 $\sigma : E \to E$ 的 F 自同构, 则 σ 对应 $f(X)$ 的根 $z_1, \cdots, z_n$ 的一个置换.

证明 取 $f(X) = 0$ 的一个根 a, 则 $f(a) = 0$. 将 σ 作用其上便有 $f(\sigma(a)) = 0$, 故 $\sigma(a)$ 仍是多项式的根. 记 $f(X)$ 根的集合为 Z, 则 σ 限制到 Z 上就有映射 $\sigma|_Z : Z \to Z$. 因 σ 是单射, 故 $\sigma|_Z$ 也是单射, 从而是双射. 因此, $\sigma|_Z$ 是 Z 上的置换. □

下面介绍一个有用的引理.

引理 3.3.6 令 $E = F(z_1, \cdots, z_n)$ 是由 F 和 $z_1, \cdots, z_n$ 生成的域, 即包含 F 和 $z_1, \cdots, z_n$ 的最小的域. 设 $\sigma : E \to E$ 是一个 F 自同构, 并且 $\forall i, \sigma(z_i) = z_i$, 则 σ 是恒等映射.

证明 我们对 n 归纳证明. 若 $n = 1$, 则任意 $u \in E$ 具有形式 $f(z_1)/g(z_1)$, 这里 $f(X), g(X) \in F[X]$ 且 $g(z_1) \neq 0$. 又因为 σ 固定 z_i 及 $f(X), g(X)$ 的系数, 故 σ 固定所有 $u \in E$. 记 $K = F(z_1, \cdots, z_{n-1})$. 由归纳假设, σ 在 K 上恒等. 又因为 $E = K(z_n)$, 同前面分析便有 σ 在 E 上是恒等映射. □

定义 3.3.7　设 E/F 是一个域扩张, E 上全体 F 自同构集合记为 $\mathrm{Aut}_F(E)$, 其关于映射的复合构成的群称为 E 的 F **自同构群**. 若 E/F 是可分多项式 $f(X) \in F[X]$ 的分裂域, 则记 $\mathrm{Gal}(E/F) := \mathrm{Aut}_F(E)$, 并称为多项式 $f(X)$ 的**伽罗瓦群**.

定理 3.3.8　设 $f(X) \in F[X]$ 是 n 次可分多项式, 则其伽罗瓦群 $\mathrm{Gal}(E/F)$ 同构于 S_n 的子群.

证明　令 $X = \{z_1, \cdots, z_n\}$ 是方程根的集合. 取 $\sigma \in \mathrm{Gal}(E/F)$, 则命题 3.3.5 说明 $\sigma|_X$ 是 X 上的置换, 即 $\sigma|_X \in S_X$. 定义映射 $\varphi: \mathrm{Gal}(E/F) \to S_X$, $\sigma \mapsto \sigma|_X$. 那么 φ 是同态, 这是因为 $\varphi(\sigma\tau)$ 与 $\varphi(\sigma)\varphi(\tau)$ 均是 X 上映射, 且对任意 $z_i \in X$ 有 $\varphi(\sigma\tau)(z_i) = \sigma\tau(z_i) = \sigma(\tau(z_i)) = \varphi(\sigma)\varphi(\tau)(z_i)$, 即 $\varphi(\sigma\tau) = \varphi(\sigma)\varphi(\tau)$.

φ 的像是 $S_X \simeq S_n$ 的子群. φ 的核是所有 $\sigma \in \mathrm{Gal}(E/F)$ 满足 σ 在 X 的置换是恒等映射的 σ 构成. 由引理 3.3.6 知 σ 是 E 的恒等自同构. 从而 $\ker\varphi = 1$, 即 φ 是单射.　□

例 3.3.9　设 $f(X) = X^2 + 1 \in \mathbb{R}[X]$, 显然 $f(X)$ 的分裂域是 $\mathbb{C}$. 由于 $\sigma \in \mathrm{Gal}(E/F)$, 满足 $\sigma\{\mathrm{i}, -\mathrm{i}\} = \{\mathrm{i}, -\mathrm{i}\}$. 故 $\mathrm{Gal}(E/F) \cong S_2$.

定理 3.3.10　设 $f(X) \in F[X]$ 是可分多项式, E/F 是其分裂域, 则

$$|\mathrm{Gal}(E/F)| = [E:F].$$

证明　因 $f(X)$ 是可分多项式, 故无重根. 借助定理 3.2.5(ii), 定理即得证.　□

注记 3.3.11　上述定理反过来也成立, 见习题 3.4 第一题.

例 3.3.12　设 $f(X) = X^3 - 2 \in \mathbb{Q}[X]$. 则其分裂域 E 对 $\mathbb{Q}$ 的伽罗瓦群为

$$\mathrm{Gal}(E/\mathbb{Q}) \cong S_3.$$

这是因为, 对于 $f(X) = X^3 - 2 \in \mathbb{Q}[X]$, 其根为 $\alpha = \sqrt[3]{2}$, $\omega\alpha$, $\omega^2\alpha$, 其中 $\omega = \mathrm{e}^{\frac{2\pi\mathrm{i}}{3}}$. 分裂域 $E = \mathbb{Q}(\alpha, \omega)$. 对于 $\sigma \in \mathrm{Gal}(E/\mathbb{Q})$, σ 由其在 $f(X)$ 根上的作用确定, 它是 $\{\alpha, \omega\alpha, \omega^2\alpha\}$ 上的置换. 定义 $\varphi: \mathrm{Gal}(E/\mathbb{Q}) \to S_3$, $\varphi(\sigma)$ 为 σ 在 $\{\alpha, \omega\alpha, \omega^2\alpha\}$ 上诱导的置换. 易证 φ 是同构.

例 3.3.13（有限域扩张的伽罗瓦群）　设 p 为素数, $\mathbb{F}_p$ 是 p 元有限域. 令 $q = p^m, m \in \mathbb{Z}_{>0}$, 记 $\mathbb{F}_q$ 是 q 元有限域. 由推论 3.2.7 知 $\mathbb{F}_q$ 在同构下唯一. 设 Ω 是包含 $\mathbb{F}_p$ 的代数闭域. 我们在 Ω 中构造 $\mathbb{F}_q$ 如下

$$\mathbb{F}_q := \{x \in \Omega : x^q = x\}.$$

对于 $n \geqslant 1$,
$$\mathbb{F}_{q^n} = \{x \in \Omega : x^{q^n} = x\}$$

给出 $\mathbb{F}_q$ 的所有有限扩张. 因 $x^{q^n} = x$ 是 $\mathbb{F}_q$ 上的可分多项式, 且 $\mathbb{F}_{q^n}$ 是其分裂域, 故 $\mathrm{Gal}(\mathbb{F}_{q^n}/\mathbb{F}_q) = [\mathbb{F}_{q^n} : \mathbb{F}_q] = n$. 定义**弗罗贝尼乌斯 (Frobenius) 自同构** Fr_q 为
$$\mathrm{Fr}_q : \mathbb{F}_{q^n} \longrightarrow \mathbb{F}_{q^n}, \quad x \longmapsto x^q.$$

对任意 $x \in \mathbb{F}_q$, 有 $\mathrm{Fr}_q(x) = x^q = x$, 故 $\mathrm{Fr}_q \in \mathrm{Gal}(\mathbb{F}_{q^n}/\mathbb{F}_q)$. 进一步, 我们有 $\mathrm{Gal}(\mathbb{F}_{q^n}/\mathbb{F}_q) = \langle \mathrm{Fr}_q \rangle$. 事实上, 对任意 $x \in \mathbb{F}_{q^n}$, 由 $x^{q^n} = x$ 说明 $\mathrm{Fr}_q^n = \mathrm{id}$; 若 $d \mid n$ 且 $\mathrm{Fr}_q^d = \mathrm{id}$, 则在 $\mathbb{F}_{q^n}$ 中恒有 $x^{q^d} = x$, 因为 $X^{q^d} - X$ 至多有 q^d 个根, 故 $q^n = |\mathbb{F}_{q^n}| \leqslant q^d$, 从而推出 $d = n$.

例 3.3.14（分圆域的伽罗瓦群） 设 $\mathbb{Q}(\zeta_N)$ 是 N 次分圆域. 则 $\mathbb{Q}(\zeta_N)$ 是可分多项式 $X^N - 1 \in \mathbb{Q}[X]$ 的分裂域. 定义群同态
$$s_N : \mathrm{Gal}(\mathbb{Q}(\zeta_N)/\mathbb{Q}) \longrightarrow (\mathbb{Z}/N\mathbb{Z})^\times$$
$$\sigma \longmapsto s_N(\sigma) = r \mod N,$$

其中 $\sigma(\zeta_N) = \zeta_N^r$. 因为 $\sigma(\zeta_N)$ 也是 N 次本原单位根, 故 r 与 N 互素. 易知 s_N 是单同态, 因为若 $s_N(\sigma) = 1$, 那么 $\sigma(\zeta_N) = \zeta_N$, 因而 σ 是 $\mathbb{Q}(\zeta_N)$ 的恒等映射. 例 3.2.8说明 $|\mathrm{Gal}(\mathbb{Q}(\zeta_N)/\mathbb{Q})| = \phi(N)$, 从而 s_N 是满射. 综上, s_N 是同构.

习题 3.3

1. 设 $X^4 - 2 \in \mathbb{Q}[X]$ 的分裂域为 E.
   (a) 写出分裂域 E;
   (b) 计算 $[E : \mathbb{Q}]$;
   (c) 设 $\mathrm{i} = \sqrt{-1}, \sqrt[4]{2} \in \mathbb{R}$. 定义 $\sigma, \tau \in \mathrm{Gal}(E/\mathbb{Q})$ 为
   $$\sigma : \mathrm{i} \mapsto -\mathrm{i}, \sqrt[4]{2} \mapsto \sqrt[4]{2};$$
   $$\tau : \mathrm{i} \mapsto \mathrm{i}, \sqrt[4]{2} \mapsto \sqrt[4]{2}\mathrm{i}.$$

   试用 σ, τ 表示 $\mathrm{Gal}(E/\mathbb{Q})$ 中所有元素.
2. 设 p 是素数, $\mathbb{Q}(\zeta_p)$ 是 p 次分圆域. 证明: $\mathrm{Gal}(\mathbb{Q}(\zeta_p)/\mathbb{Q})$ 是循环群.
3. 对分圆域 $\mathbb{Q}(\zeta_n)$ 证明: $\mathbb{Q}(\zeta_n) \cap \mathbb{R} = \mathbb{Q}\left(\zeta_n + \zeta_n^{-1}\right)$. 计算它对 $\mathbb{Q}$ 的扩张次数.
4. 证明: 有限域 $\mathbb{F}_p$ 的代数扩张 E 均是可分扩张.
5. 证明: 特征为 0 的域的代数扩张均是可分扩张.

3.4 伽罗瓦对应

设 E/F 是 F 上某个可分多项式 $f(X)$ 的分裂域, 则 $|\mathrm{Gal}(E/F)| = [E:F]$. 我们考察介于 F, E 之间的中间域与群 $\mathrm{Gal}(E/F)$ 的子群之间的联系.

设 H 是 $\mathrm{Gal}(E/F)$ 的子群. 令

$$E^H := \{a \in E : \varphi(a) = a, \forall \varphi \in H\}.$$

E^H 是 E 的子域, 称之为 H 的**不动域**. 这实际上给出了 $\mathrm{Gal}(E/F)$ 的子群的集合到 E 的子域的集合的对应.

反过来, 对于 E 的子域 K, 我们可以考虑 $\varphi \in \mathrm{Gal}(E/F)$ 到 K 上的限制是恒等的那些 φ, 它们构成子群 $\mathrm{Gal}(E/K)$. 这是从 E 的子域的集合到 $\mathrm{Gal}(E/F)$ 的子群的集合的对应. 将两个对应放在一起, 图示如下

$$\begin{aligned}\{\text{中间域 } K\} &\rightleftarrows \{\text{子群 } H \subset \mathrm{Gal}(E/F)\} \\ K/F &\longmapsto \mathrm{Gal}(E/K) \\ E^H/F &\longleftarrow\!\shortmid H \end{aligned} \quad (3.4.1)$$

这对映射有以下基本性质.

(i) 这对映射是反序的:

$$H_1 \subset H_2 \implies E^{H_1} \supset E^{H_2}, \quad K_1 \subset K_2 \implies \mathrm{Gal}(E/K_1) \supset \mathrm{Gal}(E/K_2).$$

(ii) 我们有 $K \subset E^{\mathrm{Gal}(E/K)}$, $H \subset \mathrm{Gal}(E/E^H)$.

对于一般的域扩张的自同构群 (未必是分裂域), 有下面的引理

引理 3.4.1 (阿廷) 设 G 是域 E 的有限自同构群, 令 $F = E^G$. 则 $[E:F] \leqslant |G|$.

证明 设 $|G| = n$, 需要证明 F 中任意 m $(m > n)$ 个元素在 F 上是线性相关的. 设

$$G = \{\sigma_1 = e, \sigma_2, \cdots, \sigma_n\}, \quad u_1, \cdots, u_m \in E, \ m > n.$$

考虑 m 个变量 $X_1, \cdots, X_m$ 的 n 个线性方程的齐次线性方程组

$$\sum_{j=1}^m \sigma_i(u_j) X_j = 0, \quad 1 \leqslant i \leqslant n.$$

显然它有非平零解. 在所有解中取非零个数最少的设为 $(a_1,\cdots,a_m)$. 不妨设 $a_1 \neq 0$, $(a_1,\cdots,a_m)$ 除以 a_1 后也是解, 故不妨设 $b_1 = 1$. 只需证明 $\forall j, a_j \in F$, 那么对于 σ_1 便有 $\sum_{j=1}^{m} a_j u_j = 0$.

假定对某个 j, 有 $a_j \notin F$. 不妨设 $a_2 \notin F$. 将 σ_k 应用于方程组, 其中设 $\sigma_k(a_2) \neq a_2$. 那么有

$$\sum_j (\sigma_k \sigma_i)(u_j) \sigma_k(a_j) = 0, \quad 1 \leqslant i \leqslant n.$$

因为对固定 k, $\sigma_k \sigma_i$ 遍历 G 中所有元素, 所以上式不妨记作

$$\sum_j \sigma_i(u_j) \sigma_k(a_j) = 0, \quad 1 \leqslant i \leqslant n.$$

因此, $(1, \sigma_k(a_2), \cdots, \sigma_k(a_m))$ 也是方程组的解. 与 $(1, a_2, \cdots, a_m)$ 做差, 便得到新的解

$$(0, \sigma_k(a_2) - a_2, \cdots, \sigma_k(a_m) - a_m).$$

由前面条件知 $\sigma_k(a_2) - a_2 \neq 0$, 并且它的非零项个数比 $(a_1,\cdots,a_m)$ 的要少, 这就导致了矛盾. 从而引理得证. $\square$

一般的域扩张 E/F 可能只包含不可约多项式的部分根, 例如 $\mathbb{Q}(\sqrt[3]{2})/\mathbb{Q}$ 仅包含 $x^3 - 2 = 0$ 的一个根 $\sqrt[3]{2}$. 我们若要考察不可约多项式的根的置换, 就需要在包含它的所有根的域上进行. 这就涉及正规性. 另一方面, 如果添加的不可约多项式的根都没有重根, 这就联系着可分性. "正规性与可分性"加在一起就是说 F 上的每个不可约多项式 $f(X)$ 如果在 E 中有根, 则 $f(X)$ 在 E 上可分解为不同的一次因式的乘积.

定义 3.4.2 代数扩张 E/F 称为**伽罗瓦扩张**, 如果 E/F 是可分正规扩张.

定理 3.4.3 对于域扩张 E/F, 下列条件等价

(i) E 是某个可分多项式 $f(X)$ 在 F 上的分裂域;

(ii) 对某个有限自同构群 $G \subseteq \mathrm{Aut}(E)$, 有 $F = E^G$;

(iii) E 是 F 的有限伽罗瓦扩张.

证明 (i) $\Rightarrow$ (ii). 在 (i) 中令 $G = \mathrm{Gal}(E/F)$, 记 $F' = E^G$, 则 $F \subseteq F'$. 显然 E 也是 $f(X)$ 在 F' 上的分裂域, 并且 $G = \mathrm{Gal}(E/F')$. 由定理 3.3.10 知, $[E:F] = [E:F'] = |G|$. 由定理 3.1.4 知 $[F':F] = 1$, 从而 $F = F'$.

(ii) $\Rightarrow$ (iii). 由 $F = E^G$, 据引理 3.4.1, 可得 $[E:F] \leqslant |G|$, 故 E/F 是有限扩张. 设 $f(X) \in F[X]$ 是不可约多项式, 在 E 上有根 r. 令 $\{r_1 = r, r_2, \cdots, r_m\} =$

$\{\sigma(r) : \sigma \in G\}$. 若 $\tau \in G$, 则 $\{\tau(r_1), \cdots, \tau(r_m)\}$ 是根的排列. 显然, 由 $f(r) = 0$, 知 $f(r_i) = 0$. 因此, $f(X)$ 被 $X - r_i$ 整除. 因为 $r_i(1 \leqslant i \leqslant m)$ 是互不相同的, 故 $f(X)$ 被 $g(X) = \prod_{i=1}^{m}(X - r_i)$ 整除.

考虑将自同构 $\tau : E \to E$ 扩张为多项式环 $E[X]$ 的自同构, 仍记为 τ, 如下

$$\tau : E[X] \longrightarrow E[X], \quad \sum_j a_j X^j \longmapsto \sum_j \tau(a_j) X^j.$$

那么有

$$\tau(g(X)) = \prod_{i=1}^{m}(X - \tau(r_i)) = \prod_{i=1}^{m}(X - r_i) = g(X).$$

上式说明 $g(X)$ 的系数在 G 作用下不动, 因此 $g(X) \in F[X]$. 但 $f(X)$ 假定在 F 上是不可约的, 因此必有

$$f(X) = g(X) = \prod_{i=1}^{m}(X - r_i)$$

是 $E[X]$ 中不同一次因子的乘积. 从而, E/F 是可分正规扩张, 即伽罗瓦扩张.

(iii) $\Rightarrow$ (i). 因 $[E : F]$ 有限, 故 $E = F(r_1, \cdots, r_k)$, 其中 r_i 皆为 F 是代数元. 设 $f_i(X)$ 是 r_i 在 F 上的极小多项式, 从而 $f_i(X)$ 可分解为 $E[X]$ 中不同一次因子的乘积. 因为 $f_i(X), f_j(X)$ 当 $i \neq j$ 时是互素的, 命题 2.4.11 说明它们在 $E[X]$ 中也是互素的, 故它们的一次因子均不同. 令 $f(X) = \prod_i f_i(X)$, 则 $f(X)$ 是可分的, 并且 E 是 $f(X)$ 在 F 上的分裂域. $\square$

定理 3.4.4 (有限伽罗瓦对应) 设 E/F 是有限伽罗瓦扩张, 则 (3.4.1) 给出互逆的双射

$$\{\text{中间域 } K\} \rightleftarrows \{\text{子群 } H \subset \text{Gal}(E/F)\}$$

$$K/F \longmapsto \text{Gal}(E/K)$$

$$E^H/F \longleftarrow H$$

并满足以下性质:

(i) 反序. $H_1 \subset H_2 \iff E^{H_1} \supset E^{H_2}$ 且 $K_1 \subset K_2 \iff \text{Gal}(E/K_1) \supset \text{Gal}(E/K_2)$.

(ii) $|H| = [E : E^H]$, $[\text{Gal}(E/F) : H] = [E^H : F]$.

(iii) 对 $\sigma \in \mathrm{Gal}(E/F), H \leqslant \mathrm{Gal}(E/F)$, 共轭子群 $\sigma H \sigma^{-1}$ 对应子域 $\sigma(E^H)$.

(iv) 正规子群 $H \triangleleft \mathrm{Gal}(E/F)$ 和伽罗瓦子扩张 E^H/F 的一一对应. 进而,

$$\mathrm{Gal}(E^H/F) \simeq \mathrm{Gal}(E/F)/H.$$

证明 设 E/F 是有限伽罗瓦扩张, 对于中间域 K/F 和子群 $H \leqslant \mathrm{Gal}(E/H)$, 我们来说明 $K = E^{\mathrm{Gal}(E/K)}$, $H = \mathrm{Gal}(E/E^H)$. 首先, 我们有 $K \subseteq E^{\mathrm{Gal}(E/K)}$, $H \subseteq \mathrm{Gal}(E/E^H)$. 因为 E/F 是分裂域, 所以 E/K 也是分裂域, 故定理 3.4.3 的第一步证明, 说明 $K = E^{\mathrm{Gal}(E/K)}$. 同样的, 因为 E/E^H 是分裂域, 我们有 $|\mathrm{Gal}(E/E^H)| = [E : E^H]$. 另一方面, 据引理 3.4.1 可得 $[E : E^H] \leqslant |H|$. 从而, $|\mathrm{Gal}(E/E^H)| \leqslant |H|$. 又因为 H 是 $\mathrm{Gal}(E/E^H)$ 的子群, 因此 $H = \mathrm{Gal}(E/E^H)$. 综上说明 (3.4.1) 给出互逆的双射.

(i) 利用上式关系式 $K = E^{\mathrm{Gal}(E/K)}$, $H = \mathrm{Gal}(E/E^H)$ 即可得.

(ii) 第一段证明里已经给出了 $|H| = [E : E^H]$. 由于

$$|\mathrm{Gal}(E/F)| = [E : F] = [E : E^H][E^H : F] = |H|[E^H : F],$$

$$|\mathrm{Gal}(E/F)| = |H|[\mathrm{Gal}(E/F) : H],$$

比较两式即得 $[\mathrm{Gal}(E/F) : H] = [E^H : F]$.

(iii) 只需证明 $\mathrm{Gal}(E/\sigma(E^H)) = \sigma H \sigma^{-1}$. 任取 $y = \sigma(x) \in \sigma(E^H), \tau \in H$, 则

$$\sigma \tau \sigma^{-1}(y) = \sigma \tau(x) = \sigma(x) = y.$$

上式说明 $\sigma H \sigma^{-1} \subseteq \mathrm{Gal}(E/\sigma(E^H))$. 又因为 $E^H = \sigma^{-1}(\sigma(E^H))$, 同样的论证说明

$$\sigma^{-1} \mathrm{Gal}(E/\sigma(E^H))(\sigma^{-1})^{-1} \subseteq \mathrm{Gal}(E/E^H) = H,$$

也就是 $\mathrm{Gal}(E/\sigma(E^H)) \subseteq \sigma H \sigma^{-1}$. 综上, 二者相互包含, 即 $\mathrm{Gal}(E/\sigma(E^H)) = \sigma H \sigma^{-1}$.

(iv) 因为 $H \triangleleft \mathrm{Gal}(E/F)$ 等价于 $\sigma H \sigma^{-1} = H, \forall \sigma \in \mathrm{Gal}(E/F)$, 故第 (iii) 条说明

$$H \triangleleft \mathrm{Gal}(E/F) \Longleftrightarrow \sigma(E^H) = E^H, \ \forall \sigma \in \mathrm{Gal}(E/F).$$

设 $H \triangleleft \mathrm{Gal}(E/F)$, 上式右端使得我们可以给出同态

$$\varphi : \mathrm{Gal}(E/F) \longrightarrow \mathrm{Gal}(E^H/F)$$

$$\sigma \longmapsto \sigma|_{E^H}.$$

那么 $\ker \varphi = \{\sigma \in \text{Gal}(E/F) : \sigma|_{E^H} = \text{id.}\}$. 因此 $\ker \varphi = \text{Gal}(E/E^H) = H$. 由群同态定理知 $\text{Gal}(E/F)/H \hookrightarrow \text{Gal}(E^H/F)$. 显然, $(E^H)^{\text{im}(\varphi)} = F$, 故由定理 3.4.3 推知 E^H/F 是伽罗瓦扩张. 因此, $\text{im}(\varphi) = \text{Gal}(E^H/F)$, 即 φ 是满射. 从而有同构 $\text{Gal}(E/F)/H \simeq \text{Gal}(E^H/F)$.

反之, 设 K/F 是伽罗瓦子扩张, 任意 $a \in K$ 在 F 上的极小多项式设为 $f_a(X)$. 在 $K[X]$ 中有, $f(X) = (X-a_1)(X-a_2)\cdots(X-a_m)$, 其中 $a_1 = a$. 对于 $\sigma \in \text{Gal}(E/F)$, 则有 $f_a(\sigma(a)) = 0$, 由此对某个 i 有 $\sigma(a) = a_i$. 故 $\sigma(K) \subseteq K$. 进而, $\sigma^{i+1}(K) \subseteq \sigma^i(K)$. 因为 $\text{Gal}(E/F)$ 有限, 故有 n 使得 $\sigma^n = 1$. 因此, 有 $K \subseteq \sigma(K)$. 以上说明 $K = \sigma(K), \forall \sigma \in \text{Gal}(E/F)$. 所以 $H = \text{Gal}(E/K)$ 是正规子群. □

习题 3.4

1. 设 E/F 是有限域扩张. 那么 E/F 是伽罗瓦扩张当且仅当 $|\text{Aut}_F(E)| = [E:F]$.
2. 设 p 是奇素数, $\mathbb{Q}(\zeta_p)$ 是分圆域. 证明: $\mathbb{Q}(\zeta_p)$ 包含唯一一个二次域.
3. 设 $X^4 - 2 \in \mathbb{Q}[X]$ 的分裂域为 E.
   (a) 找出 $E/\mathbb{Q}$ 的所有中间域.
   (b) 试问哪些中间域是 $\mathbb{Q}$ 的伽罗瓦扩张.
4. 设 $X^n - 2 \in \mathbb{Q}[X]$ 的分裂域是 E. 试探讨群 $\text{Gal}(E/\mathbb{Q})$ 的结构.

3.5 方程的根式解

自巴比伦时代, 人们就知道用配方法解二次方程 $x^2 + bx + c = 0$, 其求根公式为
$$x_1 = \frac{-b + \sqrt{b^2 - 4c}}{2}, \quad x_2 = \frac{-b - \sqrt{b^2 - 4c}}{2}.$$
在这之后很长一段时间, 关于三次方程 $x^3 + bx^2 + cx + d = 0$ 的求解几乎没有进展. 在 1542 年左右, 卡尔丹诺 (G. Cardano, 1501—1576) 将求解三次方程的方法发表在他的《重要的艺术》里. 该方法中处理的三次方程为 $x^3 + cx + d = 0$ 类型. 对于一般的方程
$$x^n + a_{n-1}x^{n-1} + \cdots + a_0 = 0, \tag{3.5.1}$$
通过参数替换 $y - \dfrac{1}{n}a_{n-1}$, 方程可以约化为
$$y^n + b_{n-2}y^{n-2} + \cdots + b_0 = 0. \tag{3.5.2}$$
因此求解一般方程 (3.5.1) 的根, 都可以转化为求解其约化方程 (3.5.2) 的根. 下面两个定理主要以约化后的方程为叙述对象.

定理 3.5.1（卡尔丹诺公式） 三次方程 $x^3 + cx + d = 0$ 的三个解为

$$x_1 = \alpha + \beta,$$
$$x_2 = \omega\alpha + \omega^2\beta,$$
$$x_3 = \omega^2\alpha + \omega\beta,$$

其中 $\alpha = \sqrt[3]{-\dfrac{d}{2} + \sqrt{\dfrac{d^2}{4} + \dfrac{c^3}{27}}}, \beta = -\dfrac{c}{3\alpha}, \omega = -\dfrac{1}{2} + \dfrac{\sqrt{3}}{2}\mathrm{i}.$

上述公式可直接代入检验即得. 意大利数学家费拉里 (L. Ferrari, 1522—1565) 给出了四次方程的求根算法，相比于三次方程其公式更加复杂.

定理 3.5.2（费拉里定理） 四次方程 $x^4 + cx^2 + dx + e = 0$ 存在根式解.

通俗地说，多项式的根式可解是指通过对多项式的系数做加、减、乘、除以及开方运算，能求出多项式的根. 下面将多项式求根公式的存在性用域有限扩张的相关概念来描述.

定义 3.5.3 设 E/F 是一个域扩张，如果存在 $a \in E, m \in \mathbb{Z}_{>0}$ 使得 $E = F(a)$ 且 $a^m \in F$，则称 E/F 为 m 型纯扩张. 如果域塔

$$F = F_0 \subset F_1 \subset \cdots \subset F_n \tag{3.5.3}$$

满足 $F_i/F_{i-1}, i = 1, \cdots, n$ 是 m_i 型纯扩张，则称 F_n/F 为**根式扩张**.

定义 3.5.4 设 $f(X) \in F[X]$，E 是 $f(X)$ 的分裂域. 如果存在根式扩张

$$F = F_0 \subset F_1 \subset \cdots \subset F_n$$

使得 $E \subseteq F_n$，则称 $f(X)$ **根式可解**.

例 3.5.5 设 $f(X) = X^2 + bX + c \in \mathbb{Q}[X]$，则 $\mathbb{Q}(\sqrt{b^2 - 4c})$ 是 $f(X)$ 的分裂域，且 $\mathbb{Q}(\sqrt{b^2 - 4c})/\mathbb{Q}$ 是 2 型纯扩域，因此 $f(X)$ 根式可解.

定义 3.5.6 如果子群序列

$$G = G_0 \geqslant G_1 \geqslant \cdots \geqslant G_n = \{e\} \tag{3.5.4}$$

满足 $G_{i+1} \trianglelefteq G_i, i = 0, 1, 2, \cdots, n-1$，则称子群列 (3.5.4) 为正规列. 如果群 G 有一个正规列，且每个因子群 $G_i/G_{i+1}, i = 0, 1, 2, \cdots, n-1$ 的阶都是素数，则称 G 为**可解群**.

例 3.5.7 S_5 不是可解群. 这实际上是由于交错群 A_5 是单群导致的，见定理 1.8.5.

定理 3.5.8　每一个根式扩张可被包含在某个正规的根式扩张中.

证明　我们对域塔(3.5.3)的高度 n 进行归纳证明. 若 $n=1$ 且 $F_1 = F(u)$, 其中 $u^k = a \in F$, 则多项式 $X^n - a$ 的分裂域是 $F(\zeta, u)$, 其中 ζ 是 k 次本原单位根. $F(\zeta, u)$ 恰好也是正规根式扩张.

假设 $F_{n-1} \supset F$ 包含在正规根式扩张 $K \supset F$ 中, 且 $E = F_{n-1}(u)$, $u^k = a \in F_{n-1}$, 我们看一下 a 在 F 上的极小多项式 $h(X)$. 由于 K/F 是正规扩张, 故 $h(X)$ 在 K 上分解为一次因式的乘积

$$h(X) = (X - a_1)(X - a_2) \cdots (X - a_m), \quad a_1 = a.$$

设 L 是 $h(X^k) \in F[X]$ 的分裂域, K/F 是 $f(X) \in F[X]$ 的分裂域 (定理 3.2.11). 记 $L \cdot K = K(\zeta, u_1, \cdots, u_m)$, 其中 ζ 是 k 次本原单位根, $u_i^k = a_i, i = 1, \cdots, m$. 那么 $L \cdot K \supseteq E$ 是 $f(X) h(X^k)$ 的分裂域, 从而是正规根式扩张. □

设 E/F 是伽罗瓦扩张, 我们根据群 $\mathrm{Gal}(E/F)$ 的性质来分类扩张. 例如, 若 $\mathrm{Gal}(E/F)$ 是交换群 (循环群), 则称 E/F 是**交换扩张** (**循环扩张**).

定理 3.5.9　设 F 是域, 含有 n 次本原单位根 ζ, 其中 n 与特征 $\mathrm{char}(F)$ 互素. 设 $X^n - a \in F[X]$, u 是多项式 $X^n - a$ 的某个根, 则 $F(u)/F$ 是 m 次循环扩张, 其中 $m \mid n$, $u^m \in F$.

证明　因 u 是多项式 $X^n - a$ 的根, 故 $u\zeta^i, i = 1, \cdots, n$ 是 $X^n - a$ 的所有根, 并且是不同的根, 这是因为 n 与特征 $\mathrm{char}(F)$ 互素. 因此, $F(u)/F$ 是伽罗瓦扩张, 记 $G = \mathrm{Gal}(F(u)/F)$. 取 $\sigma \in G$, 则 $\sigma(u)$ 也是 $X^n - a$ 的根, 故 $\sigma(u) = \zeta^{i(\sigma)} u$. 从而, 映射

$$i: G \longrightarrow \langle \zeta \rangle, \quad \sigma \longmapsto i(\sigma) = \zeta^{i(\sigma)}$$

是同态, 并且是单同态. 因此, G 是循环群. 若 $m = |G|$, 则 $m \mid n$. 设 $G = \langle \sigma \rangle$, 则 $\zeta^{i(\sigma)} = \zeta^{n/m}$ 是 m 次本原单位根. 进而,

$$\sigma(u^m) = (\sigma(u))^m = (\zeta^{n/m} u)^m = u^m.$$

因此, $u^m \in F$. □

定理 3.5.10　设域 F 的特征是 0, 则正规根式扩张 E/F 的伽罗瓦群 $\mathrm{Gal}(E/F)$ 是可解群.

证明　我们可设 E 由域塔(3.5.3)确定. 我们对 E 添加一个 $m = m_1 \cdots m_n$ 次本原单位根. 考察域塔

$$F \subset F(\zeta) \subset F_1(\zeta) \subset \cdots \subset F_{n-1}(\zeta) \subset F_n(\zeta) = E(\zeta). \tag{3.5.5}$$

$F(\zeta)/F$ 是交换扩张. 根据定理 3.5.9, 域塔 (3.5.5) 里其余的每个相邻扩张都是循环扩张. 令 $G = \mathrm{Gal}(E(\zeta)/F)$, 由伽罗瓦对应, G 有正规群列

$$G \rhd G_0 \rhd G_1 \rhd \cdots \rhd G_{n-1} \rhd \{e\},$$

其中 $G/G_0 \cong \mathrm{Gal}(F(\zeta)/F)$ 是交换群, 而其余的商群 $G_i/G_{i+1} = \mathrm{Gal}(F_{i+1}(\zeta)/F_i(\zeta)), i = 0, 1, \cdots, n-1$ 是循环群. 由习题 3.5 第 2 题知 G 是可解群. 令 $H = \mathrm{Gal}(E(\zeta)/E)$, 则 $H \lhd G$ 并且 $\mathrm{Gal}(E/F) \cong G/H$. 因此, 由习题 3.5 第 3 题知 $\mathrm{Gal}(E/F)$ 是可解群. □

定理 3.5.11（伽罗瓦） 设 F 是特征 0 的域, $f(X) \in F[X]$, E 是 $f(X)$ 的分裂域. 那么 $f(X)$ 根式可解当且仅当伽罗瓦群 $\mathrm{Gal}(E/F)$ 是可解群.

证明 假设多项式 $f(X)$ 的全部根 $\alpha_1, \cdots, \alpha_m$ 都在正规根式扩张 L/F 中, 从而有 $E \subseteq L$. 由定理 3.5.10 知 $\mathrm{Gal}(L/F)$ 是可解群, 而 $\mathrm{Gal}(E/F)$ 是 $\mathrm{Gal}(L/F)$ 的商群, 因此它也是可解群.

反之, 设 $G = \mathrm{Gal}(E/F)$ 是可解群, 有正规列

$$G \rhd G_1 \rhd G_2 \rhd \cdots \rhd G_{n-1} \rhd \{e\},$$

因子群 G_i/G_{i+1} 均是素数阶群. 伽罗瓦对应 (取不动域 $F_i = E^{G_i}$) 保证有子域的链

$$F \subset F_1 \subset F_2 \subset F_{n-1} \subset F_n = E,$$

其中相邻扩张 F_{i+1}/F_i 为素数次循环扩张, 这是因为 $\mathrm{Gal}(F_{i+1}/F_i) \cong G_i/G_{i+1}$ (由定理 3.4.4(iv) 得到).

我们对 E 添加 $l = |G|$ 次本原单位根 ζ, 并考察子域链

$$F \subset F(\zeta) \subset F_1(\zeta) \subset F_{n-1}(\zeta) \subset F_n(\zeta) = E(\zeta).$$

每一个扩张 $F_{i+1}(\zeta)/F_i(\zeta)$ 也将是素数 p_i（整除 l）次循环扩张（直接证明或参看习题 3.5 第 4 题）. 根据定理 3.6.8 知, $F_{i+1}(\zeta)$ 是 $F_i(\zeta)$ 添加二项方程 $X^{p_i} - a = 0$ ($a \in F_i(\zeta)$) 的根得到. 这说明 $E(\zeta)$ 是 F 的含在 $f(X)$ 全部根的根式扩张, 即 $f(X) = 0$ 可用根式求解. □

定理 3.5.12（阿贝尔-鲁菲尼） ⊖ 设域 $F \subseteq \mathbb{C}$, $f(X) \in F[X]$ 是五次不可约多项式, 其伽罗瓦群是 A_5 或 S_5, 故 $f(X)$ 无根式解.

⊖ 俄国数学家阿诺德曾给出一个初等证明.

证明　这实际上是定理 3.5.11的推论, 由群 A_5 或 S_5 是不可解群立即得到. □

引理 3.5.13　设 p 是素数, G 是对称群 S_p 的子群. 若 G 含有一个 p 阶元和一个对换, 则 $G = S_p$.

证明　经适当排序后, 我们设对换 $\tau = (12)$. 不妨将 p 循环 σ 写成 $\sigma = (1 i_2 \cdots i_p)$. 那么 σ 的某个次幂 σ^m 会将 1 映成 2, 并且 σ^m 仍然是 p 循环, 这是因为 p 是素数. 从而 $\sigma^m = (12 j_3 \cdots j_p)$. 我们不妨一开始就设 $\sigma = (12 j_3 \cdots j_p)$. 重排 $j_3, \cdots, j_p$, 也就是建立同构 $S_p \to S_p$, $j_i \mapsto i$, 因此不妨设 $\sigma = (123 \cdots p)$. 由命题 1.3.11 知,

$$(i+1\ i+2) = \sigma^i (12) \sigma^{-i},$$

所以 $(i+1\ i+2)$ 属于 $\langle \sigma, \tau \rangle$. 对任意对换 (ij), 不妨设 $i < j$, 那么

$$(ij) = (i\ i+1)(i+1\ i+2) \cdots (j-2\ j-1)(j-1\ j)(j-2\ j-1) \cdots (i+1\ i+2)(i\ i+1).$$

因此, 任一对换均在 $\langle \sigma, \tau \rangle$ 中, 故 $S_p = \langle \sigma, \tau \rangle$. □

例 3.5.14　设五次多项式

$$f(X) = X^5 - 4X + 2 \in \mathbb{Q}[X],$$

由艾森斯坦 (Eisenstein) 判别法可知, $f(X)$ 在有理数域 $\mathbb{Q}$ 上不可约. 令 $E/\mathbb{Q}$ 是 $f(X)$ 的分裂域, $G = \mathrm{Gal}(E/\mathbb{Q})$. 如果 $f(a) = 0$, 则 $[\mathbb{Q}(a) : \mathbb{Q}] = 5$, 进而

$$|G| = [E : \mathbb{Q}] = [E : \mathbb{Q}(a)][\mathbb{Q}(a) : \mathbb{Q}] = 5[E : \mathbb{Q}(a)].$$

上述等式说明 5 整除 $|G|$, 从而由定理 1.7.10可知 G 中存在 5 阶元. 由定理 3.3.8 知伽罗瓦群 G 是 S_5 的子群 (同构意义下), 因此 G 中包含 5 轮换. 又因为复数域上的共轭在 E 上也是 $\mathbb{Q}$ 同构映射, 并且 $f(X)$ 有三个实根和两个共轭的虚根, 所以伽罗瓦群 G 中有一个对换. 由引理 3.5.13 知一个对换和一个 5 轮换可生成 S_5 中所有元素, 所以有 $G \cong S_5$. 因 S_5 不是可解群, 由定理 3.5.11 知 $f(X)$ 没有根式解.

习题 3.5

1. 证明: 四元对称群 S_4 是可解群.
2. 设 G 有正规群列 $G \triangleright G_0 \triangleright G_1 \triangleright \cdots \triangleright G_{n-1} \triangleright \{e\}$, 使得 $G_i/G_{i+1}, i = 0, 1, \cdots, n-1$ 是交换群, 证明: G 是可解群.

3. 证明: 可解群的商群也是可解群.
4. 取定一个域扩张 Ω/F 和中间域 $E, K \subseteq \Omega$. 设 E/F 是有限伽罗瓦扩张, K/F 是任意域扩张. 于是复合域 $E \cdot K$ (即包含 E 和 K 的最小的域) 是 K 上的伽罗瓦扩张, 并且有同构
$$\mathrm{Gal}(E \cdot K / K) \stackrel{\sim}{\to} \mathrm{Gal}(E/E \cap K), \quad \sigma \mapsto \sigma|_E.$$

3.6 域扩张中的迹与范 *

在域上线性空间的线性变换中, 有联系线性变换的重要不变量——迹与范. 设 E/F 是有限扩张, 则 E 可看作 F 上的有限维向量空间. 取定 E/F 的一组基 $e_1, \cdots, e_n$. 对任意 $u \in E$, 考虑映射
$$l_u : E \longrightarrow E, \quad x \longmapsto u \cdot x.$$

映射 l_u 是 E 上的线性变换, 其在基 $e_1, \cdots, e_n$ 记为 $\boldsymbol{A} = (a_{ij})$. 设 λ 是 F 上的未定元, $\boldsymbol{I}_n$ 是 n 阶单位矩阵, 则行列式 $|\lambda \boldsymbol{I}_n - \boldsymbol{A}|$ 是 l_u 的特征多项式.

定义 3.6.1 矩阵 $\boldsymbol{A}$ 的迹 $\sum_i a_{ii}$ 与范 $|\boldsymbol{A}|$ 分别称为元素 u 的**迹**和**范**, 分别记为 $\mathrm{Tr}_{E/F}(u)$ 和 $\mathrm{N}_{E/F}(u)$.

设 l_u 的特征多项式 $f(\lambda) = \lambda^n + a_1 \lambda^{n-1} + \cdots + a_n$, 则有
$$\mathrm{Tr}_{E/F}(u) = -a_1, \quad \mathrm{N}_{E/F}(u) = (-1)^n a_n.$$

因特征多项式是相似不变量, 故 $\mathrm{Tr}_{E/F}(u)$ 和 $\mathrm{N}_{E/F}(u)$ 不依赖于基 $e_1, \cdots, e_n$ 的选取. 在同一组基下设 $u, v \in E$ 对应的矩阵分别是 $\boldsymbol{A}, \boldsymbol{B}$, 则 $au + bv$ $(a, b \in F)$ 和 uv 对应的矩阵分别是 $a\boldsymbol{A} + b\boldsymbol{B}, \boldsymbol{AB}$. 因此, 我们有以下基本性质:

(i) $\mathrm{Tr}_{E/F}(au + bv) = a \mathrm{Tr}_{E/F}(u) + b \mathrm{Tr}_{E/F}(v), \quad a, b \in F$;
(ii) $\mathrm{N}_{E/F}(uv) = \mathrm{N}_{E/F}(u) \mathrm{N}_{E/F}(v)$;
(iii) $\mathrm{N}_{E/F}(au) = a^n \mathrm{N}_{E/F}(u), \quad a \in F^\times$.

定理 3.6.2 设 E/F 是有限扩张, 则
(i) $\mathrm{Tr}_{E/F} : E \to F$ 是加法群同态, 且 $\mathrm{Tr}_{E/F}$ 或者是零同态, 或者是满同态.
(ii) $\mathrm{N}_{E/F} : E^\times \to F^\times$ 是乘法群同态.

证明 (i) 由前面性质 1 知, $\mathrm{Tr}_{E/F}$ 是 F 线性映射, 显然是加群同态. 若 $\mathrm{Tr}_{E/F}$ 不是零同态, 则存在 $u \in E$ 使得 $\mathrm{Tr}_{E/F}(u) = a \neq 0$. 于是对任意 $x \in F$ 有 $\mathrm{Tr}_{E/F}(xu) = xa$, 从而 $\mathrm{Tr}_{E/F}(Fu) = Fa = F$, 即 $\mathrm{Tr}_{E/F}$ 是满同态.

(ii) $\mathrm{N}_{E/F}$ 是乘法群同态由上述性质 2 显然得到. □

对于域扩张的迹与范, 我们可通过域论的方法得到, 且看下面简单的情形.

定理 3.6.3 设 $E = F(u)$ 是 F 的代数扩张, $f(X) \in F[X]$ 是 u 的极小多项式, $\deg f(X) = n$. 设 L/F 是 $f(X)$ 的分裂域, 从而在 L 上有分解

$$f(X) = (X - u_1)(X - u_2) \cdots (X - u_n), \quad u_1 = u.$$

设 σ_i 是 E 到 L 的 F 嵌入使得 $\sigma_i(u) = u_i, i = 1, 2, \cdots, n$. (这里若 $f(X)$ 有重根, 则相同的 F 嵌入分开计数). 那么有

$$\mathrm{Tr}_{E/F}(u) = \sum_{i=1}^{n} \sigma_i(u), \qquad \mathrm{N}_{E/F}(u) = \prod_{i=1}^{n} \sigma_i(u). \tag{3.6.1}$$

证明 设 $f(X) = X^n + a_1 X^{n-1} + \cdots + a_n$. 那么 u 在基 $1, u, \cdots, u^{n-1}$ 下对应的矩阵为

$$\boldsymbol{A} = \begin{pmatrix} 0 & & \cdots & 0 & -a_n \\ 1 & 0 & & & \vdots \\ & 1 & \ddots & & \vdots \\ & & \ddots & 0 & -a_2 \\ & & & 1 & -a_1 \end{pmatrix}.$$

从而 u 的特征多项式为 $|\lambda \boldsymbol{I}_n - \boldsymbol{A}| = \lambda^n + a_1 \lambda^{n-1} + \cdots + a_n = f(\lambda)$. 于是有

$$\mathrm{Tr}_{E/F}(u) = -a_1, \quad \mathrm{N}_{E/F}(u) = (-1)^n a_n.$$

此时公式(3.6.1)成立. □

我们下面给出迹和范的重要性质.

定理 3.6.4 设 $E/F, L/E$ 均是有限扩张. 那么有

$$\mathrm{Tr}_{L/F} = \mathrm{Tr}_{E/F} \circ \mathrm{Tr}_{L/E}, \quad \mathrm{N}_{L/F} = \mathrm{N}_{E/F} \circ \mathrm{N}_{L/E}.$$

证明 我们假设 L/F 是可分扩张. L 的 F 嵌入集合 $\mathrm{Hom}_F(L, \bar{F})$ 被以下等价关系

$$\sigma \sim \tau \iff \sigma|_E = \tau|_E$$

划分为 $m = [E:F]$ 个等价类. 设 $\sigma_1, \cdots, \sigma_m$ 是一个代表系, 那么 $\mathrm{Hom}_E(L, \bar{E}) = \{\sigma_i|_E : i = 1, \cdots, m\}$. 对任意 $x \in L$, 我们有

$$\mathrm{Tr}_{L/F}(x) = \sum_{i=1}^{m} \sum_{\sigma \sim \sigma_i} \sigma(x)$$

$$= \sum_{i=1}^{m} \mathrm{Tr}_{\sigma_i L/\sigma_i E}(\sigma_i x)$$

$$= \sum_{i=1}^{m} \sigma_i \, \mathrm{Tr}_{L/E}(x)$$

$$= \mathrm{Tr}_{E/F}(\mathrm{Tr}_{L/E}(x)).$$

对域扩张是不可分的情形也是成立的. 证明参看文献 [15] 中的定理 7.8.5. □

定义 3.6.5 设 F 是域, $f_i : F \to F, i = 1, \cdots, n$ 是映射. 如果映射

$$a_1 f_1 + \cdots + a_n f_n = 0, \quad a_i \in F,$$

必有 $a_i = 0, i = 1, \cdots, n$, 则称 f_i 称在 F 上**线性无关**.

引理 3.6.6 设 F 是域. 设 $\chi_1, \cdots, \chi_n$ 是 F 上不同的自同构, 则它们在 F 上线性无关.

证明 我们对 n 归纳证明. 一个特征显然是线性无关的. 假设定理对 $n-1$ 成立. 设

$$a_1 \chi_1 + \cdots + a_n \chi_n = 0, \tag{3.6.2}$$

$a_i \in F$, 不全是 0. 因为 $\chi_1 \neq \chi_2$, 所以存在 $z \in F$ 使得 $\chi_1(z) \neq \chi_2(z)$. 对任意 $x \in F$, 我们有

$$a_1 \chi_1(xz) + \cdots + a_n \chi_n(xz) = 0.$$

因 χ_i 是同构, 从而得到

$$a_1 \chi_1(z) \chi_1 + \cdots + a_n \chi_n(z) \chi_n = 0.$$

等式(3.6.2)乘以 $\chi_1(z)$ 得

$$a_1 \chi_1(z) \chi_1 + \cdots + a_n \chi_1(z) \chi_n = 0.$$

上述两式相减得

$$a'_2 \chi_1 + \cdots + a'_n \chi_n = 0,$$

其中 $a'_i = a_i(\chi_i(z) - \chi_1(z)), i = 2, \cdots, n$. 因 $a'_2 = a_i(\chi_2(z) - \chi_1(z)) \neq 0$, 这与 $n-1$ 的情况矛盾, 证毕. □

定理 3.6.7(希尔伯特定理 90) 设 E/F 是 n 次循环扩张, $G = \mathrm{Gal}(E/F) = \langle \sigma \rangle$. 取 $u \in E$. 那么 $\mathrm{N}_{E/F}(u) = 1$ 当且仅当存在 $0 \neq v \in E$ 使得 $u = v/\sigma v$.

证明 假设 $u = v/\sigma v$, 则

$$N_{E/F}(u) = N_{E/F}(v)/N_{E/F}(\sigma v) = \frac{\prod_{i=1}^{n} \sigma^i v}{\prod_{i=1}^{n} \sigma^i \sigma v} = 1.$$

为方便起见，对 $\tau, \rho \in G$, $x \in E$, 我们记 $\tau(x) = x^\tau$, $\rho\tau(x) = x^{\tau\rho}$, 记 $x^{\tau+\rho} = x^\tau \cdot x^\rho$. 由引理 3.6.6 知，映射

$$\mathrm{id} + u\sigma + u^{1+\sigma}\sigma^2 + \cdots + u^{1+\sigma+\cdots+\sigma^{n-2}}\sigma^{n-1}$$

不恒为 0. 因此，存在 $x \in E$ 使得

$$v := x + ux^\sigma + u^{1+\sigma}x^{\sigma^2} + \cdots + u^{1+\sigma+\cdots+\sigma^{n-2}}x^{\sigma^{n-1}}$$

不为 0. 因为 $N(u) = u^{1+\sigma+\cdots+\sigma^{n-1}} = 1$, 所以 $uv^\sigma = v$, 即 $u = v/\sigma(v)$. □

下面应用希尔伯特定理 90 建立定理 3.5.9 的逆定理.

定理 3.6.8 设 F 是域，含有 n 次本原单位根 ζ, 其中 n 与特征 $\mathrm{char}(F)$ 互素. 设 E/F 是 n 次循环扩张，则存在多项式 $X^n - a \in F[X]$ 的根 u 使得 $E = F(u)$.

证明 设 $G = \mathrm{Gal}(E/F) = \langle \sigma \rangle$. 因为 $\zeta \in F$, 所以 $N(\zeta^{-1}) = (\zeta^{-1})^n = 1$, 从而由定理 3.6.7 知存在 $u \in E$ 满足 $\zeta^{-1} = u/\sigma u$, 即 $\sigma u = \zeta u$. 进而，$\sigma^i u = \zeta^i u, i = 1, \cdots, n$. 又 $\sigma(u^n) = (\sigma u)^n = (\zeta u)^n = u^n$, 因此 $u^n \in E^G = F$. 所以，$\zeta^i u, i = 1, \cdots, n$ 是多项式 $X^n - u^n \in F[X]$ 的 n 个不同根，故 $[F(u):F] = n$. 另一方面，$[E:F] = n$, 因此有 $E = F(u)$. □

习题 3.6

1. 证明: 复数域 $\mathbb{C}$ 到实数域 $\mathbb{R}$ 的范群是 $N_{\mathbb{C}/\mathbb{R}}(\mathbb{C}^\times) = \mathbb{R}_{>0}$.
2. 证明: 有限域 $\mathbb{F}_{p^n}$ 到子域 $\mathbb{F}_p$ 的范群是 $N_{\mathbb{F}_{p^n}/\mathbb{F}_p}(\mathbb{F}_{p^n}^\times) = \mathbb{F}_p^\times$.
3. 令域 $K = \mathbb{Q}(\zeta_p)$ 是 p 次分圆域，其中 p 是素数，$\zeta_p = e^{2\pi i/p}$. 证明: $N_{K/\mathbb{Q}}(1 - \zeta_p) = p$.
4. 设 L/K 是有限扩张. 证明: L/K 是可分扩张当且仅当存在 $\alpha \in L$ 使得 $\mathrm{Tr}_{L/K}(\alpha) \neq 0$.

附 录
APPENDIX

附录 A 整数与复数

A.1 整数

设 n,d 是整数. 我们称 d **整除** n, 如果对某个 $c \in \mathbb{Z}$ 有 $n = cd$, 记为 $d \mid n$. 我们也称 n 是 d 的倍数, 或者 d 是 n 的因子. 若 d 不整除 n, 我们写作 $d \nmid n$.

关于整除的一些基本性质有以下结论

(i) $n \mid n$; (反身性)
(ii) $d \mid n$ 且 $n \mid m$ 蕴含 $d \mid m$; (传递性)
(iii) $d \mid n$ 且 $d \mid m$ 蕴含 $d \mid (an+bm)$; (线性)
(iv) $ad \mid an$ 且 $a \neq 0$ 蕴含 $d \mid n$; (消去律)
(v) $d \mid n$ 且 $n \mid d$ 蕴含 $|d| = |n|$.

定理 A.1.1（带余除法） 给定整数 a,b, 其中 $b > 0$, 则存在唯一的整数 q, r 满足

$$a = bq + r, \qquad 0 \leqslant r < b.$$

进而, $r = 0$ 当且仅当 $b \mid a$. 这里 q 称为**商**, r 称为**余数**.

证明 令 S 是以下非负整数的集合

$$S = \{y : y = a - bx, \ x \in \mathbb{Z}, \ y \geqslant 0\}.$$

这是非负整数的非空集合, 所以有最小的元素, 不妨设为 $a - bq$. 令 $r = a - bq$, 那么有 $a = bq + r$, $r \geqslant 0$. 我们来说明 $r < b$. 假设 $r \geqslant b$, 则有 $0 \leqslant r - b < r$. 但是 $r - b = a - b(q+1) \in S$, 这与 r 的极小性矛盾, 因此必有 $r < b$.

下面说明 q, r 是唯一的. 假设还有 q', r' 也满足题设, 那么有 $bq + r = bq' + r'$, 从而 $b(q - q') = r' - r$. 不妨设 $r' \geqslant r$. 因 $b > 0$, 如果 $r' > r$, 那么有 $b \leqslant r' - r \leqslant r'$, 矛盾. 因此, $r' = r$, 从而 $q' = q$. $\square$

如果整数 d 同时整除整数 a 和 b, 则 d 称为 a, b 的**公因子**. 显然, 1 是任意两

个整数对的公因子. 整数 a,b 的**最大公因子**记为 (a,b), 定义为

$$(a,b) = \begin{cases} 0, & \text{如果 } a = b = 0, \\ a \text{ 和 } b \text{ 的公因子中最大者}, & \text{如果 } a,b \text{ 不全是 } 0. \end{cases}$$

如果整数 a,b 的最大公因子是 1, 则称 a,b **互素**. 最大公因子总是存在而且是非负的: 如果 c 是 a 与 b 的公因子, 那么 $-c$ 也是, 而 $\pm c$ 其中之一是非负的.

命题 A.1.2 设 p 是素数, a 是任意整数, 那么有

$$(p,a) = \begin{cases} p, & \text{如果 } p \mid a, \\ 1, & \text{其他情形}. \end{cases}$$

证明 设 c 是 p 与 a 的公因子, 从而 c 是素数 p 的因子. 因为 p 的非负因子只有 p 和 1, 所以 $(p,a) = p$ 或 $(p,a) = 1$. 如果 $p \mid a$, 则 $(p,a) = p$. 如果 $p \nmid a$, 则 $(p,a) = 1$. □

定理 A.1.3 设 a,b 是整数, 则存在整数 s,t 使得最大公因子 (a,b) 可以表示为

$$(a,b) = sa + tb.$$

证明 我们可假设 a,b 不全是 0 (否则, 最大公因子是 0, 命题显然成立). 考虑集合

$$I = \{xa + yb : x, y \in \mathbb{Z}\}.$$

由于 $\pm a, \pm b \in I$, 所以 I 包含正整数. 令 P 是 I 的正整数子集, 那么 P 包含最小的正整数, 记为 d. 下面断言 $d = (a,b)$.

由于 $d \in I$, 故存在 $s,t \in \mathbb{Z}$ 满足

$$d = sa + tb.$$

用 d 除 a, 由带余除法, 我们有 $a = qd + r$, $0 \leqslant r < d$. 如果 $r > 0$, 那么有

$$r = a - qd = a - q(sa + tb) = (1 - qs)a + (-qt)b,$$

上式表明 $r \in P$, 但这与 d 的最小性矛盾, 所以我们有 $r = 0$. 这说明 d 整除 a. 同理, 我们有 d 整除 b, 故 d 是 a,b 的公因子.

如果 c 是 a,b 的公因子, 那么有 $a = ca'$, $b = cb'$. 从而 $d = sa + tb = c(sa' + tb')$, 这表明 $|c|$ 整除 d, 因此 $|c| \leqslant d$, 即 d 是 a,b 的最大公因子. □

定理 A.1.4（欧几里得引理） 设 p 是素数并且 $p \mid ab$, 那么必有 $p \mid a$ 或 $p \mid b$. 一般地, 若素数 p 整除 $a_1 a_2 \cdots a_n$, 则 p 必整除某个 a_i.

证明 假设 $p \nmid a$, 由于 p 是素数, 因此 $(p,a) = 1$. 从而存在整数 s, t 使得 $1 = sp + ta$, 进而
$$b = spb + tab.$$
因为 $p \mid ab$, 结合上式我们便有 $p \mid b$. 一般的情形可用归纳法得到. □

定理 A.1.5（算术基本定理） 每个大于 1 的自然数可唯一分解为素数的乘积, 此唯一性是指不计乘积次序下唯一.

证明 我们对 n 用归纳法. 当 $n = 2$ 是显然成立. 假设对任意小于 n 并且大于 1 的自然数都成立, 下面证明对 n 也成立. 如果 n 是素数, 则命题自然成立. 如果 n 是合数, 假设 n 有两个素因子分解

$$n = p_1 p_2 \cdots p_s = q_1 q_2 \cdots q_t. \tag{A.1.1}$$

因为 p_1 整除 $q_1 q_2 \cdots q_t$, 所以由欧几里得引理知 p_1 必整除某个 q_i, 不妨设 $p_1 \mid q_1$. 又因为 q_1 是素数, 所以有 $p_1 = q_1$. 等式(A.1.1)两边消去 p_1 得

$$p_2 \cdots p_s = q_2 \cdots q_t.$$

由于 $1 < p_2 \cdots p_s < n$, 由归纳假设知 $p_2 \cdots p_s$ 有唯一分解, 即 $s = t$ 并且 p_i 等于某个 q_j. 从而 n 有唯一素分解. □

推论 A.1.6 每个大于 1 的自然数 n 有唯一的分解

$$n = p_1^{e_1} \cdots p_f^{e_f},$$

这里 p_i 是不同的素数, e_i 是正整数.

注记 A.1.7 如果用群的语言来表述算术基本定理则是

$$\mathbb{Q}_{>0}^{\times} = \oplus_p p^{\mathbb{Z}} \cong \oplus_p \mathbb{Z},$$

其中 $\mathbb{Q}_{>0}^{\times}$ 是正有理数乘法群.

A.2 复数

设 $z = a + bi$ 是复数, 则 z 与平面上点 (a, b) 一一对应, 因此有复平面. 复数 $z = a + bi$ 的**模**定义为

$$|z| = \sqrt{a^2 + b^2}.$$

对任意两个复数 z_1, z_2, 有

$$|z_1 + z_2| \leqslant |z_1 + z_2| \quad \text{(三角不等式)}.$$

模 $|z|$ 实际上是 z 到原点的距离. 模为 1 是复数 z 对应单位圆周上的点 $(\cos\theta, \sin\theta)$, 这里角 θ 称为**辐角**.

命题 A.2.1 每个复数 z 都有分解

$$z = r(\cos\theta + i\sin\theta),$$

其中 $r = |z| \geqslant 0$, $0 \leqslant \theta < 2\pi$.

证明 如果 $z = 0$, 那么 $|z| = 0$, 任何一个 θ 都可以. 如果 $z = a + bi \neq 0$, 则 $|z| \neq 0$. 此时 $\dfrac{z}{|z|} = \dfrac{a}{|z|} + \dfrac{b}{|z|}i$ 的模是 1, 因此存在某个角 θ 满足

$$\frac{z}{|z|} = \cos\theta + i\sin\theta.$$

所以我们有 $z = |z|(\cos\theta + i\sin\theta)$. □

如果 $z = a + bi = r(\cos\theta + i\sin\theta)$, 那么 (r, θ) 称为 z 的**极坐标**.

命题 A.2.2 设有复数 $z_1 = \cos\theta_1 + i\sin\theta_1$, $z_2 = \cos\theta_2 + i\sin\theta_2$, 则有

$$z_1 z_2 = \cos(\theta_1 + \theta_2) + i\sin(\theta_1 + \theta_2).$$

证明 因为

$$z_1 z_2 = (\cos\theta_1 + i\sin\theta_1)(\cos\theta_2 + i\sin\theta_2)$$
$$= (\cos\theta_1 \cos\theta_2 - \sin\theta_1 \sin\theta_2) + i(\sin\theta_1 \cos\theta_2 + \cos\theta_1 \sin\theta_2),$$

由三角函数的加法公式可得

$$z_1 z_2 = \cos(\theta_1 + \theta_2) + i\sin(\theta_1 + \theta_2).$$

□

上述命题可以给出复数乘法的几何解释. 取两个复数

$$z = r(\cos\theta + i\sin\theta)$$
$$w = s(\cos\phi + i\sin\phi),$$

那么它们的乘积是
$$zw = rs(\cos(\theta + \phi) + \mathrm{i}\sin(\theta + \phi)),$$
所以 zw 的极坐标是 $(rs, \theta + \phi)$.

推论 A.2.3 设 z, w 是两个复数, 那么有
$$|zw| = |z|\,|w|.$$

证明 将复数 z, w 用极坐标表示 $z = r(\cos\theta + \mathrm{i}\sin\theta)$, $w = s(\cos\phi + \mathrm{i}\sin\phi)$. 那么 $|z| = r$, $|w| = s$, 而 $|zw| = rs$, 所以有 $|zw| = |z|\,|w|$. □

下面介绍一下欧拉发现的一个漂亮的公式, 这需要一点级数的知识. 对任意实数 x, 我们有

$$\mathrm{e}^x = 1 + x + \frac{x^2}{2!} + \frac{x^3}{3!} + \frac{x^4}{4!} + \cdots + \frac{x^n}{n!} + \cdots,$$

$$\cos x = 1 - \frac{x^2}{2!} + \frac{x^4}{4!} - \frac{x^6}{6!} + \cdots \frac{(-1)^n x^{2n}}{(2n)!} + \cdots,$$

$$\sin x = x - \frac{x^3}{3!} + \frac{x^5}{5!} - \frac{x^7}{7!} + \cdots \frac{(-1)^n x^{2n+1}}{(2n+1)!} + \cdots.$$

定理 A.2.4（欧拉公式） 对每个实数 x, 有如下等式成立
$$\mathrm{e}^{\mathrm{i}x} = \cos x + \mathrm{i}\sin x.$$

证明 当 n 取值 $0, 1, 2, 3, \cdots$ 时, i 的幂 i^n 取值为
$$1,\ \mathrm{i},\ -1,\ -\mathrm{i},\ 1,\ \mathrm{i},\ -1,\ -\mathrm{i}, \cdots.$$

因此, 对每个实数 x, $(\mathrm{i}x)^n$ 取值为
$$1,\ \mathrm{i}x,\ -x^2,\ -\mathrm{i}x^3,\ x^4,\ \mathrm{i}x^5,\ -x^6,\ -\mathrm{i}x^7,\ x^8, \cdots.$$

对于复数 z, 复指数函数 e^z 定义为
$$\mathrm{e}^z = 1 + z + \frac{z^2}{2!} + \frac{z^3}{3!} + \frac{z^4}{4!} + \cdots + \frac{z^n}{n!} + \cdots.$$

由级数收敛判别法知, e^z 对任意复数 z 绝对收敛. 特别地, 取 $z = \mathrm{i}x$, 则有
$$\mathrm{e}^{\mathrm{i}x} = 1 + \mathrm{i}x + \frac{(\mathrm{i}x)^2}{2!} + \frac{(\mathrm{i}x)^3}{3!} + \frac{(\mathrm{i}x)^4}{4!} + \cdots + \frac{(\mathrm{i}x)^n}{n!} + \cdots$$

$$= 1 + \mathrm{i}x - \frac{x^2}{2!} - \mathrm{i}\frac{x^3}{3!} + \frac{x^4}{4!} + \mathrm{i}\frac{x^5}{5!} - \frac{x^6}{6!} - \mathrm{i}\frac{x^7}{7!} + \cdots$$
$$= \left(1 - \frac{x^2}{2!} + \frac{x^4}{4!} - \frac{x^6}{6!} + \cdots\right) + \mathrm{i}\left(x - \frac{x^3}{3!} + \frac{x^5}{5!} - \frac{x^7}{7!} + \cdots\right)$$
$$= \cos x + \mathrm{i}\sin x.$$

□

特别地, 欧拉公式可得出以下漂亮的等式

$$\mathrm{e}^{\pi \mathrm{i}} = -1.$$

由欧拉公式可知, 复数 $z = r(\cos\theta + \mathrm{i}\sin\theta)$ 可以写成

$$z = r\mathrm{e}^{\mathrm{i}\theta},$$

这称为复数的指数表示. 命题 A.2.2 用复指数表示则是

$$\mathrm{e}^{\mathrm{i}x}\mathrm{e}^{\mathrm{i}y} = \mathrm{e}^{\mathrm{i}(x+y)}.$$

特别地, 对任意正整数 n 有

$$(\mathrm{e}^{\mathrm{i}x})^n = \mathrm{e}^{\mathrm{i}nx}.$$

定义 A.2.5 对正整数 n, 定义 n 次单位根 ζ 为满足 $\zeta^n = 1$ 的复数.

命题 A.2.6 所有的 n 次单位根可写成

$$\mathrm{e}^{\frac{2\pi \mathrm{i} k}{n}} = \cos\frac{2\pi k}{n} + \mathrm{i}\sin\frac{2\pi k}{n},$$

其中 $k = 0, 1, 2, \cdots, n-1$.

证明 首先, $\mathrm{e}^{2\pi \mathrm{i}} = \cos(2\pi) + \mathrm{i}\sin(2\pi) = 1$. 令 $\zeta = \mathrm{e}^{2\pi \mathrm{i}/n}$, 那么

$$\zeta^n = (\mathrm{e}^{2\pi \mathrm{i}/n})^n = \mathrm{e}^{2\pi \mathrm{i}} = 1,$$

所以 ζ 是一个 n 次单位根. 由 $(\zeta^k)^n = (\zeta^n)^k = 1$, 故 ζ^k, $k = 0, 1, \cdots, n-1$ 均是 n 次单位根. 由复数的几何含义知, 这些是不同的 n 次单位根, 并且是全部 n 次单位根, 这是因为方程 $x^n = 1$ 的根的个数不会超过次数 n.

□

附录 B　Wedderburn 小定理

定义 B.0.1　设 R 是环. 对任意 $x \in R$, 定义 x 的**中心化子**Z_x 是

$$Z_x := \{r \in R, rx = xr\}.$$

R 的**中心**Z_R 定义为

$$Z_R := \bigcap_{x \in R} Z_x.$$

容易验证 Z_x, Z_R 都是 R 的子环, 并且 Z_R 是交换环. 当 R 是有限除环时, Z_R 是有限域.

设 D 是有限除环, Z_D 是 D 的中心, 因此是有限域. 记 $|Z_D| = q$. 对于 $x \in D$, 环 D, D_x 均是 Z_D 的有限维向量空间, 故可设

$$|D| = q^n, \quad |D_x| = q^{n_x}.$$

记 $D^\times := D \setminus \{0\}$, $D_x^\times := D_x \setminus \{0\}$. 考虑群 $D^\times$ 在自身上的共轭作用 (参看例 1.7.9), 那么 $D_x^\times$ 就是 x 所在的稳定化子 (见定义 1.7.5). 若 $n > 1$, 则 D 中存在非中心元. 设 $x_1, \cdots, x_t$ 是非中心轨道的代表元, 那么由命题 1.7.6可得

$$|D^\times| = |Z_D^\times| + \sum_{j=1}^{t} |D^\times x_j|. \tag{B.0.1}$$

再由定理 1.7.7 知, $|D^\times x_j| = [D^\times : D_{x_j}^\times]$. 因此, 式子(B.0.1)可写成

$$q^n - 1 = q - 1 + \sum_{j=1}^{t} \frac{q^n - 1}{q^{n_j} - 1}. \tag{B.0.2}$$

引理 B.0.2　若 $q^{n_j} - 1$ 整除 $q^n - 1$, 则 n_j 整除 n.

证明　由整数带余除法, 可设 $n = an_j + r$, $0 \leqslant r < n_j$. 那么 $q^{n_j} - 1$ 整除

$$q^n - 1 - (q^{n_j} - 1) = q^{n_j}(q^{(a-1)n_j + r} - 1).$$

又因为 $q^{n_j} - 1$ 与 q^{n_j} 互素, 所以 $q^{n_j} - 1$ 整除 $q^{(a-1)n_j + r} - 1$. 继续同样操作, 最终可得 $q^{n_j} - 1$ 整除 $q^r - 1$. 从而, $r = 0$, 引理得证. □

此方法证明 Wedderburn 小定理要用一点分圆多项式的理论. 设 $d \in \mathbb{N}$. d 次单位根 ζ_d 称为本原根, 如果满足 $\zeta_d^m = 1$ 的最小正整数是 d. 令

$$\Phi_d(X) = \prod_{d \text{ 次本原根 } \zeta} (X - \zeta).$$

对多项式 $X^n - 1$ 在复数域中有分解

$$X^n - 1 = \prod_{n \text{ 次单位根 } \tau} (X - \tau) = \prod_{d|n} \Phi_d(X).$$

上式第二个等号成立是因为我们将 n 次单位根按 d 次本原根分组合并一次因式得到的.

例如方程 $X^{10} - 1 = 0$ 有 10 个单位根,其中 10 次本原根 4 个,5 次本原根 4 个,2 次本原根 1 个,1 次本原根 1 个. 因此

$$X^{10} = \Phi_{10}(X)\Phi_5(X)\Phi_2(X)\Phi_1(X)$$
$$= (X^4 - X^3 + x^2 - X + 1)(X^4 + X^3 + X^2 + X + 1)(X + 1)(X - 1).$$

引理 B.0.3 对任意 $n \in \mathbb{N}$,都有分圆多项式 $\Phi_n(X) \in \mathbb{Z}[X]$ 且其常数项只能取 $1, -1$.

证明 一个稍微简洁的论证如下:

因 $\Phi_n(X)$ 是 n 次本原根 ζ_n 的极小多项式,而 ζ_n 是代数整数,所以 $\Phi_n(X) \in \mathbb{Z}[X]$. 又因为 $\Phi_n(X)$ 的常数项与所有 n 次本原根的乘积至多差一个负号,取复数模长便可知常数项只能取 $1, -1$.

或者直接归纳证明如下:

当 $n = 1$ 时,$\Phi_1(X) = X - 1$,命题成立. 假设对所有 $d < n$,我们有 $\Phi_n(X) \in \mathbb{Z}[X]$ 且其常数项只能取 $1, -1$. 令

$$X^n - 1 = \Phi_n(X)p(X), \tag{B.0.3}$$

其中 $p(X) = \sum_{j=0}^{m} p_j X^j$,$\Phi_n(X) = \sum_{k=0}^{n-m} a_k X^k$,且 $p_0 = -1$ 或 1.

由于 $a_0 p_0 = -1$,因此 a_0 取 1 或 -1. 假设 $a_0, a_1, \cdots, a_{l-1} \in \mathbb{Z}$. 考察等式(B.0.3)两端 X^l 次项系数得

$$\sum_{j=0}^{l} p_j a_{l-j} = p_0 a_l + \sum_{j=1}^{l} p_j a_{l-j} \in \mathbb{Z}.$$

由归纳假设知 $\sum_{j=1}^{l} p_j a_{l-j} \in \mathbb{Z}$,而 $p_0 \in \{-1, 1\}$,所以由上式得出 $a_l \in \mathbb{Z}$. 综上命题得证. □

定理 B.0.4　有限除环必是域.

证明　设 D 是有限除环，Z_D 是 D 的中心. 记 $|Z_D| = q$, $|D| = q^n$. 如果 $n > 1$, 对等式则(B.0.2)出现的 $n_j \mid n$ (引理 B.0.2), 有分解

$$X^n - 1 = \prod_{d \mid n} \Phi_d(X) = (X^{n_j} - 1)\Phi_n(X) \prod_{\substack{d \mid n, \\ d \nmid n_j, d \neq n}} \Phi_d(X).$$

上式代入 $X = q$, 结合引理 B.0.3我们有

$$\Phi_n(q) \mid q^n - 1, \quad \Phi_n(q) \mid \frac{q^n - 1}{q^{n_j} - 1}, \ j = 1, \cdots, t.$$

由等式(B.0.2)结合上式可得

$$\Phi_n(q) \mid q - 1.$$

另一方面，当 $n > 1$ 时，对每个 n 次本原根 $\zeta = a + bi$, 这里 $a, b \in \mathbb{R}$, 且 $a < 1$, 我们有

$$|q - \zeta|^2 = (q - a)^2 + b^2$$
$$= q^2 - 2aq + 1$$
$$> q^2 - 2q + 1 = (q - 1)^2.$$

因此，$|q - \zeta| > q - 1 \geqslant 1$. 进而 $|\Phi_n(q)| = \prod_\zeta |q - \zeta| > q - 1$. 这与 $\Phi_n(q) \mid q - 1$ 矛盾. 因此，$n = 1$, 即有限除环是域. □

参考文献
REFERENCES

[1] ARTIN M. Algebra[M]. 2nd ed. London: Pearson Education, 2011.

[2] BOGOPOLSKI O. Introduction to group theory[M]. Helsinki: European Mathematical Society, 2008.

[3] FALCONER K. Fractal geometry[M]. 3rd ed. Hoboken: John Wiley & Sons Ltd, 2014.

[4] JOYNER D. Adventures in group theory: Rubik's Cube, Merlin's machine, and other mathematical toys. Baltimore: Johns Hopkins University Press, 2008.

[5] LANG S. Algebra [M]. 3rd ed. Graduate Texts in Mathematics. New York: Springer-Verlag, 2002.

[6] MATSUMURA H. Commutative ring theory[M]. Cambridge: Cambridge University Press, 1989.

[7] ROKICKI T, KOCIEMBA H, DAVIDSON M, et al. The diameter of the Rubik's cube group is twenty. siam REVIEW, 2014, 56(4): 645-670.

[8] ROTMAN J J. A first course in abstract algebra[M]. 3rd ed. London: Pearson Education, 2004.

[9] SHAFAREVICH I R, KOSTRIKIN A I, REID M. Basic notions of algebra[M]. Berlin: Springer, 1990.

[10] SIERPINSKI W. 250 problems in elementary number theory[M]. Amsterdam: American Elsevier Publishing Company.

[11] SILVERMAN J H. The arithmetic of elliptic curves[M]. 2nd ed. Berlin: Springer, 2009.

[12] WILSON R A. The finite simple groups. London: Springer-Verlag London, Ltd., 2009.

[13] 冯克勤. 代数数论 [M]. 北京: 科学出版社, 2000.

[14] 北京大学数学系前代数小组. 高等代数 [M]. 5 版. 北京: 高等教育出版社, 2019.

[15] 李文威. 代数学方法 [M]. 北京: 高等教育出版社, 2019.

[16] 李文威. 模形式初步 [M]. 北京: 科学出版社, 2020.

[17] 艾格纳, 齐格勒. 数学天书中的证明 [M]. 北京: 高等教育出版社, 2009.

[18] 陆洪文. 二次数域的高斯猜想 [M]. 上海: 上海科学技术出版社, 1994.

[19] 加藤和也黑川信重, 斋藤毅. 数论 I: Fermat 的梦想和类域论 [M] 胥鸣伟, 印林生, 译. 北京: 高等教育出版社, 2009.

[20] 黑川信重, 栗原将人, 斋藤毅. 数论 II: 岩泽理论和自守形式 [M] 印林生, 胥鸣伟, 译. 北京: 高等教育出版社, 2009.

符号索引
SYMBOL INDEX

$\langle E \rangle$, 18
$\equiv$, 6
$\mathrm{Aut}(G)$, 25
$X \times Y$, 3
$[x]$, 5
xH, Hx, 21
$(a_1, \cdots, a_m)$, 12
$\langle a \rangle$, 18
D_{2n}, 20
$x \mid y$, 5
$\sqcup$, 12
$\mathrm{N}_{E/F}(u)$, 108
$F(a_1, a_2, \cdots, a_n)$, 85
E^H, 99
Fr_q, 98
$GL_n(F)$, 9

$\mathbb{H}$, 52
1_X, 3
$\mathrm{Inn}(G)$, 26
Ad_x, 25
$R^\times$, 51
f^{-1}, 4
$G \simeq H$, 23
$\mathrm{Tr}_{E/F}(u)$, 108
$\mathrm{Gal}(E/F)$, 97
$\ker(f)$, 24
$M_n(F)$, 9
A_{tor}, 38
$N \triangleleft G$, 25
S_n, 12
μ_n, 9
$\langle \sigma \rangle(a)$, 13

P_σ, 15
sgn, 16
$X/\sim$, 6
$R[T^{-1}]$, 77
$N \rtimes_\alpha H$, 36
$SL_n(F)$, 17
$\mathrm{Stab}_G(x)$, 32
S_X, 12
S^1, 9
$[K : \mathbb{Q}]$, 79
$\mathbb{Q}$, 9
E/F, 84
Z_G, 26
$\mathrm{rk}(G)$, 41
$[G : H]$, 22
$\mathbb{Z}$, 5

名词索引
INDEX

A
交错群 (alternating group), 18

B
半群 (semigroup), 7
    幺半群 (monoid), 7
半直积 (semidirect product), 36
不动域 (fixed field), 99
不可约 (irreducible), 68

D
代数整数 (algebraic integer), 65
单扩张 (simple extension), 85
单位 (unit), 51
    单位群 (unit group), 51
代数扩张 (algebraic extension), 85
对称群 (symmetry group), 12

E
二面体群 (dihedral group), 20
Euclid 环, 74

F
范 (norm), 108
分裂域 (splitting field), 90
分圆域 (cyclotomic field), 93
Fermat 小定理, 61

G
Galois 对应 (Galois correspondence), 101
根式可解 (sovable by radicals), 104

根式扩张 (radical extension), 104
伽罗瓦扩张 (Galois extension), 100
伽罗瓦群 (Galois group), 97
共轭 (conjugation), 33

H
核 (kernel), 24
    环, 55
    群, 24
环 (ring), 49
    除环 (division ring), 52
    代数整数环 (ring of algebraic integer), 79
    交换环 (commutative ring), 49
    零环 (null ring), 51
    整环 (domain), 52
    子环 (subring), 51

J
迹 (trace), 108
集合 (set), 1
积环 (direct product of rings), 59
局部化 (localization), 77

K
可解群 (solvable group), 104
可分扩张 (separable extension), 95

L
零因子 (zero divisor), 51
理想 (ideal), 55
    极大理想 (maximal ideal), 71

素理想 (prime ideal), 70

M

幂等元 (idempotent element), 59

N

挠元 (torsion), 38
诺特环 (Noetherian ring), 83

P

陪集 (coset), 21

Q

全分式环 (total fraction ring), 78
群 (group), 7
    循环群 (cyclic group), 18
    单群 (simple group), 25
    交换群 (abelian group), 8
    无限群 (infinite group), 8
    有限群 (finite group), 8
    正规子群 (normal subgroup), 25
    子群 (subgroup), 17
    自同构群 (automorphism group), 25
群作用 (group action), 31

S

商集 (quotient), 6
    商环 (quotient ring), 57
    商群 (quotient group), 28
商映射 (quotient map), 6
四元数 (quaternion), 52
素谱 (spectrum), 77
素元 (prime element), 70

T

特征 (characteristic), 58
同构 (isomorphism)
    环, 54
    群, 23
同态 (homomorphism)
    环, 54
    群, 23

W

唯一分解整环 (unique factorization domain), 69

X

希尔伯特定理 90 (Hilbert theorem 90), 110

Y

幺元, 7
有限扩张 (finite extension), 84
域 (field), 52
    代数数域 (algebraic number field), 79
    分式域 (fraction field), 76
    有理函数域 (rational function field), 76
    有限域 (finite field), 52

Z

正规扩张 (normal extension), 94
整 (integral), 80
整闭 (integrally closed), 81
秩 (rank), 41
置换 (permutation), 12
    对换 (transposition), 12
    偶置换 (even permutation), 16
    奇置换 (odd permutation), 16
    循环 (cycle), 12
指数 (index), 22
自由交换群 (free abelian group), 41
中国剩余定理 (Chinese Remainder Theorem), 60
中心 (center), 26
主理想环 (principal ideal ring), 65
自同构 (automorphism)
    内自同构 (inner automorphism), 25